民俗のふるさと

宮本常一

kawade bunko

河出書房新社

民俗のふるさと

◉

目次

第1章　都会の中の田舎

第2章　町づくり

第3章 村と村

第4章 村の生活

第5章　村から町へ

民俗のふるさと

第1章　都会の中の田舎

I　東京の田舎者

◉お国はどちら

「お国はどちらですか？」

　何かのおりによくこうきかれる。

「山口県の大島ですよ」

「多分西の方の人だと思いました。アクセントが西の方のように思えましたので…」

　質問した方がそういって、国許をきいた言いわけをする。私の言葉には山口県の言葉のアクセントがつよくのこっているようである。私自身は気がつかないが、私の周囲の耳のさとい人には、すぐわかるようである。

　同様に私もまた初対面の人に
「お国はどちらですか」

ときいてみることが多い。これはその人の言葉のアクセントが気になるからではない。

私の東京であう人の何割が田舎出であるかを知りたいことと、その人たちがどれほど田舎らしいものを背負っているかを知りたいためである。

私の周囲にいる若い人々で東京に生れ、東京に育ったというものはほんのわずかしかいない。これは私自身が田舎生れであるためにおのずからそういう仲間がよりあつまってくるからでもあろう。事実、東京で生れ東京で育った人にあうと何かまばゆいような感じがする。洗練せられたものがあるからである。木戸銭を出して見る芝居の感じである。ところが田舎から出てきた人たちには木戸銭を払わないで見る芝居の感じがどこかにある。つまり田舎くささを背負っている。

そしてそれも四〇歳台から上のものにその田舎くささがつよくのこっている。言葉の中に郷里のアクセントを持っているのも、そういう仲間である。話の端々にもふるさとのことが出てくる。ただ戦後育ってきた若い者の方はかなり違っている。方言がいちじるしく消えている上に、ふるさとについての知識を意外なほど持っていない。戦後は社会科という学科があって、ふるさとのことについて学んだはずであるが、それはふるさとを学んだのではなく、社会一般の規範とか法則というものを知るための一つの手がかりとして利用されたのであって、そこではいつも社会一般の法則に通ずるものが問題としてとりあげられて、地域性の持つ意味や歴史はそれほど重要視されなかったために、自分の育ってきた環境についても、体験し見聞してきたこと以外については、ほとんど知識を持っていないのであろう。

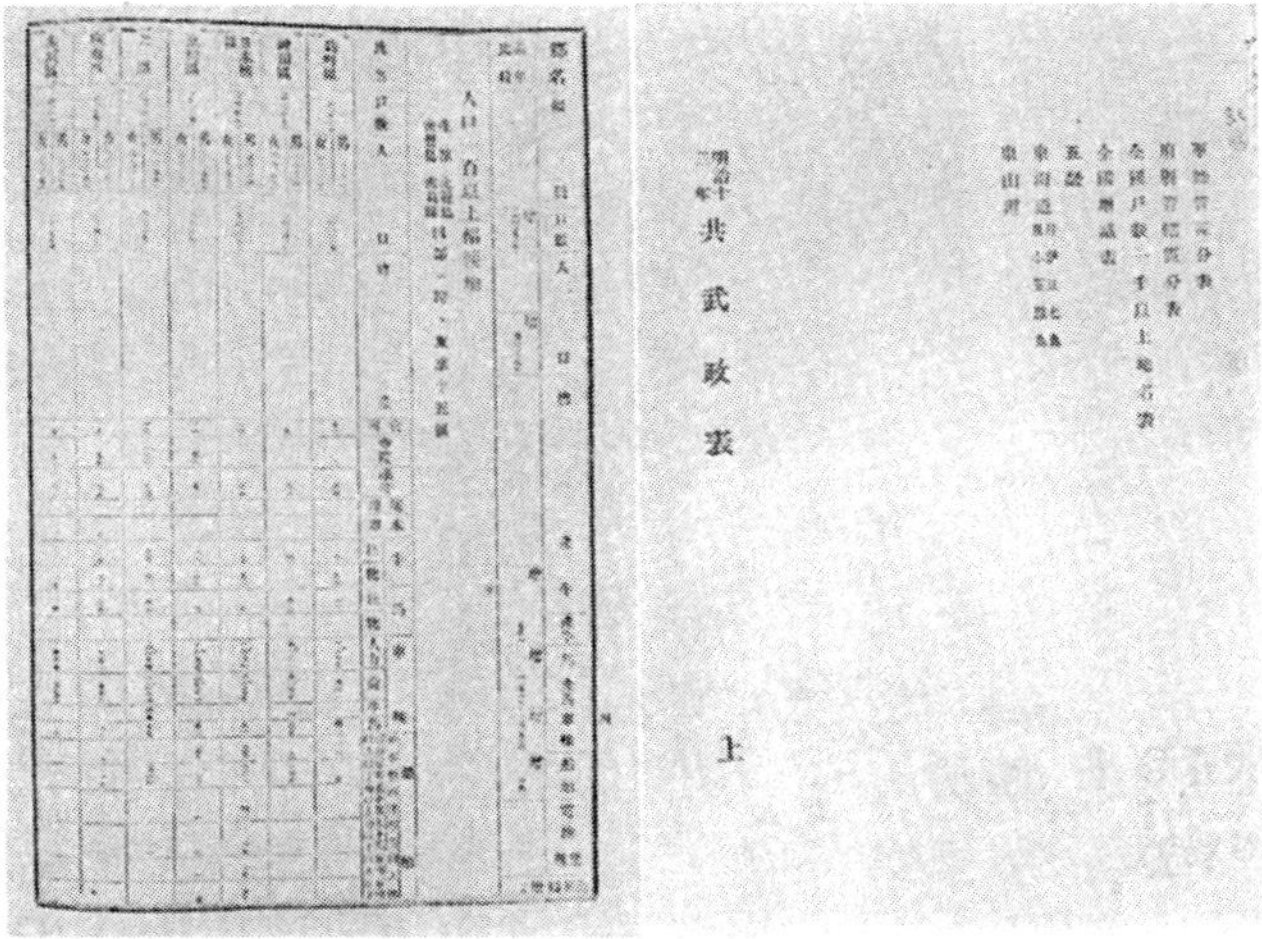
明治十三年
共武政表
上

明治12、3年ころ、徴兵の資料として参謀本部で編集した「共武政表」。人口100人以上の地区の地名・戸数・人口・産物などの数を記録したもの。

ところで、そういう話はしばらくおくとして、なお多くの人は都会に住みつつ、そのふるさとをもう一つ背負ってきていて、純粋の意味で市民であるものはいたってすくない。それは明治初年の都市人口を考えてみるとよくわかる。明治初年には人口一〇万以上の町といえば東京・京都・大阪のみであった。それが昭和三五年現在では、一一三にのぼっており、そのうち一〇〇万以上の都市が六つある。昭和三八年現在ではそれが七つになっている。東京・大阪・京都・名古屋・横浜・神戸・北九州がこれである。

これに対して農村をその主要な居住区としている農業人口の方は

明治初年も昭和三五年もほぼかわらないで三〇〇〇万人ほどにのぼっている。では農村では子供の生れる数と人の死ぬ数が同じだったかというと、そうではなくて、明治維新以後は生めよふやせよで出生率は急に高まって戸籍の上から見ると人口はぐんぐんふえていっている。しかし、それらが農業にしたがうことがすくなく、農業以外の仕事にたずさわり、また郷里以外に働き口を見つけて出ていくようになったのである。これらの人々を、もっとも多くうけいれたのが都会であった。都会は農業以外の職業で生活をたてていくところだったからである。

府県別に見ていって今日人口のふえつつあるところは八地区しかない。そのうち農業地帯で人口のふえていっているのは東北・北海道と北陸の富山・石川である。それ以外はすべて商工業地区で、東京を中心にした南関東地区の千葉・埼玉・神奈川、次は東海地区の静岡・愛知・岐阜、近畿地区の京都・大阪・兵庫・奈良、瀬戸内海区の広島、北九州区の福岡・長崎である。そのうち南関東は昭和三〇年から三五年までの間に二四三万人の増加を見ている。これにつぐ近畿地区でも一一八万増加している。その他合わせて四七七万人ほどが増加地区ではふえていることになるから、そうすると、五年間に自然増加しただけの人口がこの地区にあつまったということになる。いま日本の人口は一年に九五万内外ふえているのであるから。

これは府県別に見た人口増加地区だけの現象ではなく、一つの府県の中でも県庁所在地や工業都市についてもいえることで、そこでは人口が増加している。

こうして日本の都会は農村の余剰人口を吸収しつつ大きくなっていったといってよいのであるが、最近では東京・大阪・名古屋などでは地方都市の人口をも吸収しはじめている。そしてそのため地方小都市では人口減少が目立ってきているのである。

◉言葉はふるさとの手形

そこでまず東京に焦点をあてて考えてみると、東京に住んでいるものの大半は地方から出てき、その背中に地方的なものを背負っている。そして東京に住んでいるといっても、それぞれの人に東京以外のものを感じさせられる。

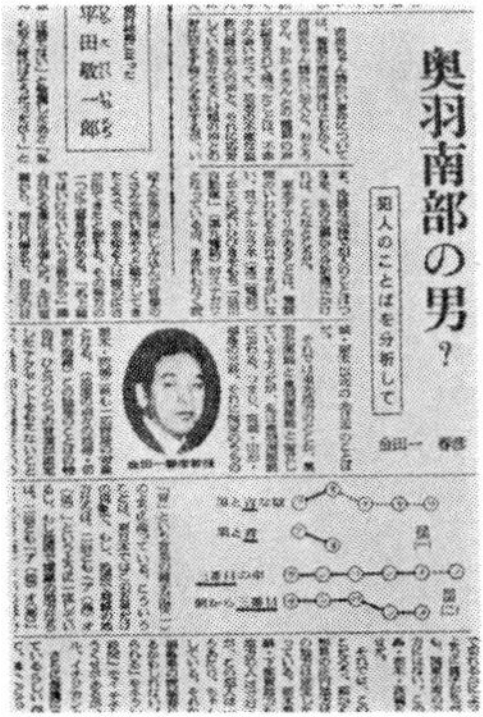
奥羽南部の男？
知人のことばを分析して

「吉展ちゃん事件」当時の新聞紙面

昭和三八年三月末におこった「村越吉展ちゃん誘拐事件」ははしなくもそういうことを物語ってくれるよい例である。吉展ちゃんという男の子が家の近くの公園であそんでいるところを何者かのために誘拐されてしまった。そしてその犯人から吉展ちゃんの宅へ脅迫の電話をかけてきた。犯人の声には訛《なまり》と方言があった。それによってまず犯人の出身地をたしかめようとした。そして多くの方言学者がこれに参加して意見をのべている。国語研究所の柴田武氏（後・東大教授）は、北奥すなわち東北地方の北部の方の者ではないかといい、外国語大学の金田一春彦氏は南奥ではないかといった。そのいずれであるかは犯人を捕えてみないと何ともいいようがなかったのであるが、東京弁の中に東京弁以外の訛のあることは、訛のある言葉をその初めにつかっていて、それが成長してから東京弁を習ったということになろう。一つ一つの語彙をおぼえても、その発音は幼時から習っていたアクセントにしたがうことが多い。そしてしかも新しく習った語彙には実感がともないにくいものであるから、言葉の意味をつよめるために間投助詞が多くなる。犯人の言葉を録音したものによると、短時間の会話の中に「ね」という言葉が一三八回つかわれていたという。またその他の言語表現の一つ一つの分析から東北大学の鬼春人氏は茨城県の山手から栃木および福島南部を郷里とする者ではないかと推定した。

しかし犯人はまだ捕えられておらず、吉展ちゃんはかえってきていない時なので、何ともいえず、犯人は声をのこしているだけで姿は全然見せていない状態だった。が、それにしても言葉一つによって犯人が東京から北の出身者であることは明らかになった。

この犯人にかぎらず、われわれの言葉でも一々録音して分析してみればその出身地がどこであるかはほぼわかってくる。

言葉だけではなく習俗や行為などについてみても同様のことがいえる。ただこの方はその見わけがむずかしくなってくる。しかしそれが何かのおりに出てくるものである。今はそういうこともなくなったであろうと思うが、銭湯などへいって下半身を洗わないで湯にはいるものが多かった。入浴習慣の早くから発達していた西日本にはこういう例はすくなく、入浴の回数のすくない中部・関東にそれが多く見られたようである。もちろん、こういうことは銭湯へでも通いつづけている間にすぐ消えてくるもので、田舎から出てきてしばらくの間、見られる習慣である。つまり田舎から持ってきた習慣でもおたがいが大勢で接しあわねばならぬような場合にはふるさとから持ってきたものはすぐ捨てられる。しかし私生活の中にあるものはなかなか消えさらないものである。日本には土地によって裸体で寝るところがある。この習俗はもともと古くからのものであると思うが、いつのころからか寝間着が用いられるようになった。多分四角な布団の発達がそうさせたことと思う。肩のところから冷たい空気がはいるために、それを防ぐことから袖のあるものを着て寝るようになったのであろう。だが、袖のある夜着を用いたり、ふだん着のままで寝床に入って袖から手をぬき、ふだん着を身体にかけるようにすれば裸体で寝ることは容易である。こうして裸で寝る習慣の長くのこっていたのは、私の知っている範囲では瀬戸内海から四国へかけての一帯と、東北の山形・秋田地方であった。そして秋田の人たちの中には東京へ出てきてもなおこの習慣を持ちつづける者がすくなくないようである。これをかりにくずしていくものがあるとすれば、それは異郷の者との婚姻による夫婦生活である。

私の友人に秋田県の人がいる。彼は大学は東京ですごして郷里へかえったが、子供の時からの習慣はすてていなかった。それは下宿生活のおかげであった。ところが彼の妻も同郷から出て東京の女子高校を卒業してかえってきたのであるが、この方は寮生活をしてきたのである。そして裸体で寝る習慣はその間にすてた。こうした二人が結婚して

棟割長屋。東京三田。

みると、女の方はもともとの習慣へはかえらなかった。夫婦生活は微妙なもので、裸体で寝たがらない妻のためにノイローゼになりそうだといっていたが、そうした古い生活習慣はそのまま地方にのこっていくばかりでなく、都会へも持ちこまれてくる。そしてしかもそれをできるだけこわさないようにしようと本能的にまもっているものが多い。

2 ふるさとの殻

◉生国意識

元来都会の一般市民の生活というものは開放的なものであったと思う。そして市民意識の中には連帯感がつよかった。私は一七、八歳のころ大阪の市井の中で暮した。通りに面した棟割の二軒長屋で隣は帽子の木型の職人であった。二軒の間にくぐりぬけの通路があって、裏にはまた棟割の裏長屋があった。この長屋で、一応字のまともに読めるものは私一人であったから、私はよく手紙の代筆をたのまれた。だからそこに住んでいる人たちがどこからきて何をしているか、また出身地の人々とどんな係累を持っているかもよくわかった。字を知っているということで年少の身でいろいろ身の上相談にものった。そして男女関係のことまでつぶさに聞かされたものであった。そしてそういうことをまで打ちあけられてみると、その人をにくむ気も非難する気もおこらず、ほんとに親身に世話をしなければならなくなってきたものであった。家がぎっしり建てこんでおり、朝晩そこで顔をあわせた生活をしておれば、おたがいの間におのずから「遠い親類よりも近い他人」という感情もわいてくる。

そしてそれはただ大阪の市井だけでのことではなく、軒をならべて人が住み、隣家との間に垣根を持たない生活をしておればおのずからわいてくる市民感情であった。

ところが日本の都市社会、とくに城下町にはこれとは別な生活が存在していた。武家の社会である。武士たちは下級の卒族をのぞいては土塀をめぐらし門を構えた家に住んでいた。それが城下町である場合には城下を構成する者として城を守ろうとする気持もつよく、したがってまた城下を大事にする気概もあったが、江戸の場合は少々ちがっていた。全国各地に領地を持つ大名たちは妻子を江戸におき、隔年ごとに江戸へ出てきてそこで生活する。この大名について多くの家来がつき従って往来する。これらの武士にとっては江戸はふるさとではなく、どこまでも出先であり、江戸での生活は下宿住いのようなものであった。こうした武士たちがおたがいに名乗りあうときにもまず生国をいって、何国の何某とか何藩の何某とかいったものである。このような江戸に対する態度は江戸が東京にかわり、参観交代《さんきんこうたい》が止んだ後も士族というか、市の上層階級の間にはつよく、いわゆる市民意識というものはうすかった。

もう一つわれわれに生国意識をつよくしていたのは江戸時代の戸籍制度であった。江

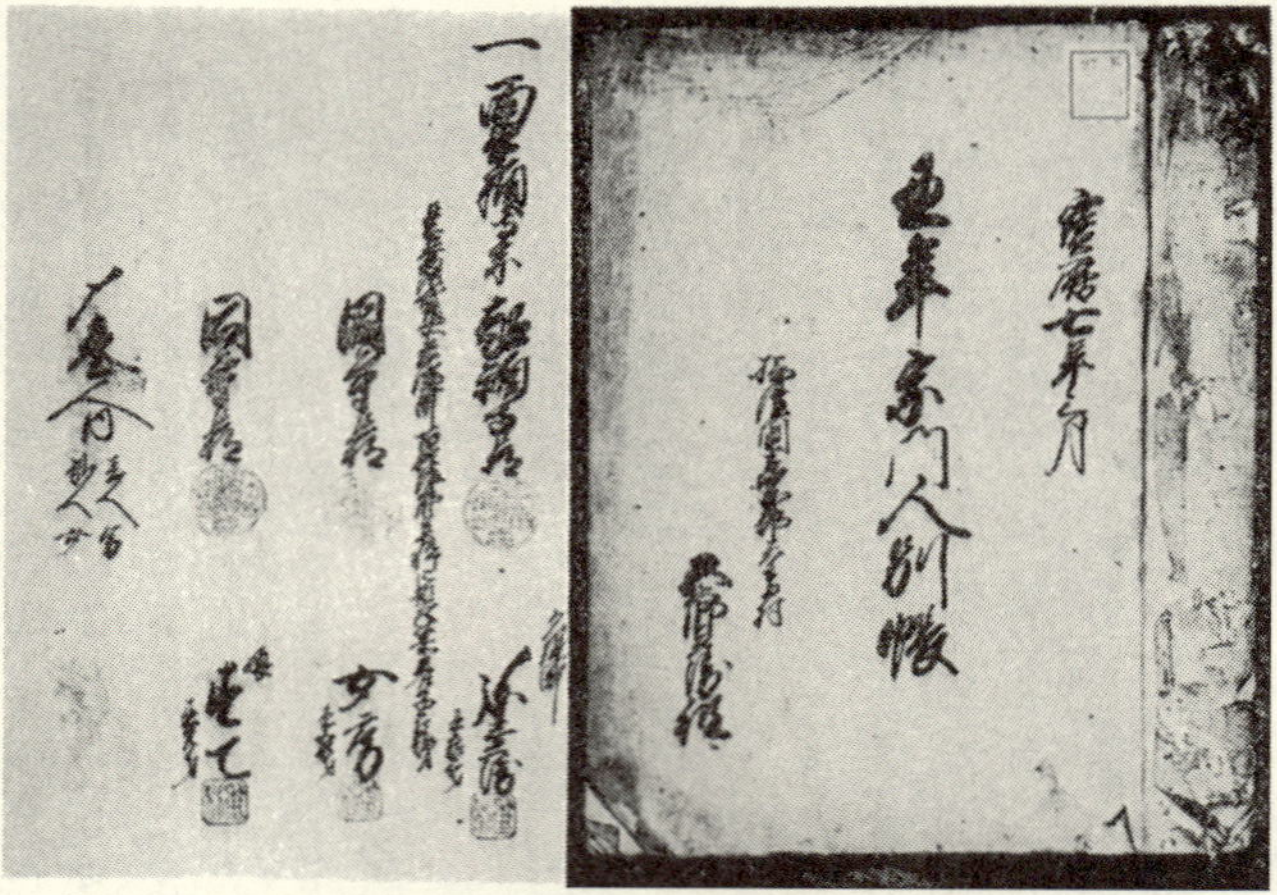

「宗門人別帳」の表紙と内容の一部（「摂津国東成郡天王寺文書」史料館蔵）

戸時代には戸籍の事務は村の庄屋・名主が取扱わなかった。子供が生れると檀那寺へ届けにいったものである。寺ではそれを宗門人別帳に書いた。これは江戸時代の初め、キリシタン宗を弾圧したとき、各人がキリシタン宗を奉じていないことを証明する方法としてとられたもので、日本に住んでいるすべての人はキリシタン宗以外の何宗かの檀家であることが必要であった。そして転宗しないかぎり、どこにいてもその寺の檀家であるわけだ。同様に寺の方では檀家の者が旅するときは、かならず宗門手形を出す。「何某は何宗何寺の檀家であることを証明する」と書いたもので、これを持っていなければ正式には番所も関所も通れないことになっていた。しかも転宗するということは今日の戸籍の転籍のように簡単ではなかったので、最初に名前を記録してもらった寺の檀家として生涯を終る者がほとんどであり、したがってどこへいっても生国がどこだということはついてまわった。

すでに江戸なり大坂なりに早く住みついた町家の場合でもたいていは肩書に生国が書いてあった。たとえば、江戸で勢力のあった問屋には伊勢（三重県）出身の者が多かったが、その肩書には伊勢としるされていたし、大坂の町家には伊勢・近江などを肩書にした者が多かった。それればかりではない。出自の地を屋号にした者も多かった。越後屋・上州屋・駿河屋・三河屋・美濃屋・伊勢屋といったふうに。そしてそのような屋号は今日もなおさかんに用いられているのである。

それればかりではない。普通に渡り者といって、職場や住所を転々としてかわっていくような者に対しても、その生国をよぶことが多かった。この仲間にとっては本名はどうでもよかった。長州・武州・紀州などでよかったのである。サンカの仲間にまじって久しい間生活してきた清水精一氏の「大地に生きる」を読んでいると、サンカの仲間でも人名を直接よびあうことはなく生国・生地をもってよんだという。

◉人国記ばやり

このようにふるさとをすてた一所不住の者ですら、なおふるさとを背負っていなければならなかったのである。そしてそうしたものは無意識のうちにわれわれの日常生活の中に生かされていくものである。そしてそれは文化がすすんでいっても容易に消えるものではない。たとえば新聞を読んでいると、人物紹介などのところにたいてい「○○県出身」と書いている。そればかりではない。われわれがつまらぬものを書いても、その著者紹介のところに「山口県生」としるしている。なぜそれを書かねばならぬのか、それを書くのにはどれほどの意味があるものか私は知らない。ただ慣習にしたがっているまでである。代議士などの場合には地元代表の意味もあるかもわからないが、それ以外にはたいした意味はないはずである。だがそれにもかかわらず、そういうものを書くということは、それに興味を持っている者があるからであろう。そのことは今日でも「人国記」というものが好んで読まれることによっても推定される。人国記というのは有名無名の人々の身元を洗って、それがどこの出身で、どのようにして世に出ていったか、またどんなことをしたかを書いている。こういうものが案外うけるのである。そしてしかもそれは地方の人が好んで読むばかりでなく、都会に住んでいるものにも熱心な読者がすくなくないようである。それはその人々の多くがやはりふるさとを背負っているからである。そしてふるさとをなつかしむ心がそれをさせるとともに、知人の生国などにも興味をおぼえることから多くの人に読まれることにもなるのであろう。

そういうものがやや形をかえてきたのが出身校の紹介ではないかと思う。この方には一種の資格のような意味もある。たとえば「東大卒」「京大卒」などと書かれていると、それだけでみな秀才のように思う。野球など見ていると、その属している球団のほかに出身校のしるされたものが多い。われわれはその出身校の名を通じて相手の人のイメージを頭に描いてみる。「あの学校を出たヤツなら多分こんなところのあるヤツだろう」などと思ってみるのである。

それはまた生国を通じてその人の持つ性格の一面を類推するのとおなじである。昔の人国記にはみなその国の住民の気風が書いてあったものである。環境が人をつくるものであり、とくに日本のような国では類型的な人間が形成されやすかったために生国や出身校でその人の人柄を知ろうとする気持もつよかったのであろう。

◉東京の人

こうした人々によって都会は形成されているのである。であるから、都会に住むものはある意味で二重人格者ともいえる。つまり都人士であるとともに地方人でもあるわけである。そしてこの人々にとって郷里というのは、すべて自分の生れた土地のことである。

よく都会生れの人たちが「私には郷里がない」といってなげく。その人にとっては都会そのものが郷里であるはずだが、そこに住んでいるものの多くが他所者であり、土地そのものに対して深い愛着を持っているものがすくない。したがって都会に住んでいれば、いわゆる郷土意識はそれほどつよくない。地方から出てきた人がその郷土を語るような愛情をもって自分の周囲をながめてはいない。といってもヨーロッパにおける都市国家のように都市を中心にして国家が形成された国ではないから、市民精神というようなものも十分に生れてきてはいない。ある意味で東京のような町には、ほんとうの都市的な秩序もまだできていないといってよい。多くの人が思い思いに、思い思いの姿勢で住みついたのである。そして根幹をなすべき古い町人社会も大正一二年の大震災や昭和二〇年の戦災をこうむって壊滅し、世代、住民の交代もはげしくて伝統的なものは容易にまもられてはいない。私の暮していた麻布一ノ橋・二ノ橋の界隈は東京の中でも比較的変化のすくないところとされていた。事実、昭和一〇年すぎまでは、麻布四ノ橋の都電の電車線路にそうた街路樹に、草履に似た鍋つかみをぶらさげて売っていたし、また一ノ橋のそばには黒い地に吉田屋という白い字をぬいたのれんを張った呉服屋もあった。その麻布界隈で世代が五代もつづいているのはたった一軒だということをきいたことがある。住民の交代が実にはげしいのである。地域を主体にした伝統的なものの生れ出る余地がきわめてすくないのである。すくなくとも日本における——とくに東京の文化は浮動漂泊の文化であるといってもよかったのではなかろうか。にない手とそのあとつぎがはっきりせず、しかも地方からくる力のためにたえずゆりうごかされ、あらたまっていったのである。

それにもかかわらず、その中で長く生きぬいてきたものにはすばらしい洗練とかがやきがあったが、それが東京全体を支配し、東京文化の主体になったとは考えられない。

一つには東京に入りこむ多くの人がそれぞれのふるさとを背負い、郷里とのつながりがなお大きな力になっていることに原因がある。そういうことについてもっと具体的に見ていきたい。

3 盆がえり・正月がえり

◉五島の盆・下北の盆

盆正月のまえになると上野駅はたいへんな混みようである。とくに正月ははなはだしい。だから東北へ行く列車の一部は品川から出る。それでも殺人的である。暮の三〇日から一月四日までの休暇を利用して郷里へかえろうとする人が殺到する。それが近ごろは年の暮だけでなく正月すぎまでつづいている。これは郷里へかえるだけでなく、スキーに行く者のふえたためであろうが、それにしても東京在住の人々が、地方とどんなに結びついているかをまざまざと見せつけられている思いがする。とにかく何十万という人が盆正月には東京から地方へ散っていく。東京ばかりでなく名古屋・大阪その他地方の都会でもおなじことがいえる。

昭和三六年夏、私は上野から金沢まで汽車に乗った。盆まえであった。二時間まえにいって番をとったが、すわれるどころではなく、昇降口のところへ腰をおろすのがやっとのことで、それらの客は富山にくるまでほとんど下車しなかった。ほとんどが帰省客であった。おそらくどの列車もこのありさまだったと思うが、それにしてもいかに多くの人が都会へ出て暮していることか。しかもそのほとんどがさっぱりした身なりをしている。一応生活の安定をみているに違いない。田舎では家族にまで一通り整った支度をさせるのは容易なことではない。さてその人たちが郷里で盆をどんなにすごしているか

お盆がえりの人々。三重県鳥羽市神島にて。

をまで、たしかめることはできなかった。

ところが、昭和三七年はお盆の時期を長崎県五《ご》島《とう》ですごした。私たちの乗った船はそれこそ超満員で、どの港でも一〇〇人～二〇〇人の者が上陸した。港には出迎えの者が雑踏していた。まったくたいへんなことである。おそらくお盆の間、島の人口は一割以上もふくれあがったはずである。そのほとんどが一〇代から三〇代までの若い者である。それが郷里にかえっていく。そのかえった人たちは村の中ではまったく所在なさそうであった。そこが小さい町場ならば、墓まつりもおこなわれる。墓地へたくさんの提灯《ちょうちん》などつりさげ、爆竹などならして夜のふけるまで墓地でみんなが時をすごす。それは目にしみ心にしみる風景である。五島の西南端の玉之《たまの》浦《うら》では若者たちがチャンココを踊っていた。念仏踊りである。そういうものが久しぶりにかえってきた若者たちの心をとらえ、またふるさとをなつかしがらせるのであろうと思った。

　だが小さな在所にはそういうものもない。まったくひっそりとしていて開け放たれた座敷に三人五人、寝ころんで何か話している。海にのぞんだ村では若者たちが石垣の上にならんですわって海を見ていた。何もすることがないのである。盆の帰省というものが親族故旧に会い、また墓参をする以外に何もない。おそらく盆正月の多くの帰省者の姿はこういうものであろうかと思った。

　昭和三八年には、お盆を青森県下北《しもきた》半島ですごした。下北へ向う汽車は、いずれも満員であった。そして盆の一三日の晩は、それぞれ墓へホカイを持ってまいる人でにぎわったが、この地方では墓地へ帰省者のまいる風習はよほどすたれているようで、墓に集っているのは、ホカイをそなえる親たちとホカイをもらおうとする子供たちとであった。ホカイというのは墓前にそなえる御飯のことである。

　だが下北半島の北端に近い佐井《さい》では盆踊りがさかんで、これには多くの若者が出て踊っていた。それらの中には帰省者が多いと見られた。こうしたものにはなお魅力が感じられるのであろう。そしてそういうことがこの人たちをなおふるさとに結びつけているのであろうが、それを可能にしているのは一つはお盆の帰省のゆるされるような小さな商店や工場に勤めていることにあるようであり、そこに勤めているものの学歴にも関係がある。下北半島でも五島でも中学校を卒業して就職する者が多い。したがって中小企業の従業員になるものが大半で、そういうところでは盆正月の帰省にも便宜をはかってくれるところが多い。

◉ヤブ入りと鍋借り

だが大企業になり、また労務者としてでなしに事務員として勤めるようになると、年末正月をのぞいて帰省休暇をとることはむずかしくなる。したがって高校を卒業して就職する場合には正月はともかくとして盆の帰省者はずっとすくなくなる。私の郷里の山口県大島などでは、盆の帰省者はめっきりすくなくなって、若い者のいないため盆踊りも十分できなくなっている。こうして郷里を出た者と郷里との間の絆が弱まっていきつつある。

戦争がすんで五、六年の間はそうでもなかった。村に若者もいたし、また盆に帰省する者で村はにぎわった。ちょうど下北半島や五島の状況に似ていた。ところがまた大きな繊維工場に勤める娘たちの間に問題がおこってきた。大島の者は盆正月に休みをとってかえる者が多いから事業経営上差支えを生ずる。したがってなるべく雇用しないようにしようというのである。よりよい就職口を見つけるためには盆正月の帰省を断念せざるをえなくなってきた。また工場会社の事務員になっても盆休暇をとることはできない。出ていったものが盆にかえってこなくなったのはそのためであった。こうして文化の高い地帯では盆帰りの客はしだいに減少しはじめている。と同時に都会に出ていったものは初めから定住する傾向をもっている。そういうことがこれから都会の中の田舎らしさをしだいにうすいものにしていくであろうが、国全体がそうなっていくにはまだ当分時日を要するものと思われる。

もともと盆がえりというのも出稼ぎに出ていったり、都会で働いていたりするものが家へかえるだけでなく、嫁にいった者、婿にいったものも親もとへかえる習俗のあったことが拡大されていったものである。

普通に盆・正月に嫁婿の里帰りする日は一六日にきまっていて、これを藪入《やぶい》りともいっていた。藪入りという語源はよくわからないが、奈良県吉野西奥地方では、盆の里帰りではなく、親もとで、藪焼きをするときかえってきて手伝うのを藪入りといっている。藪焼きというのは焼畑のことで、雑木の茂る山を伐りたおしてそれの乾いたころ火をつけて焼き、そのあとにヒエ・ソバなどをまきつける。人手のいる仕事であるから一戸だけではできず、たいてい隣近所、親族の者と組んで共同でひらくか、またはユイ（交換労働）によってひらいたものである。そのとき嫁にいった娘も、婿にいった息子もかえってきて手伝う。ボタ餅と酒一升を持っていったものという。すると親の方は藤の着物一枚を与えた。

焼畑をおこなっていたところにはこうした習俗がどこにもあったと思われる。私のきいたのはこの一例であるが、そうした言葉が盆正月の里帰りに転用されるようになったものと思われる。

盆正月に他出した子供が親のもとへかえって親を見まう風習は古くからあって、土地によってはこれをナベカリともいっている。新潟県西頸城《にしくびき》郡地方では正月二日に婿が嫁の里へいくのをムコノナベカリといっている。この時婿は新しい叺《かます》に五升と三升の大小二つの餅と、その他の食物を入れて持っていき、これをセチまたはハツセチイワイといった。

長野県下伊那《しもいな》地方では結婚後はじめての正月に若い夫婦が嫁の親もとへいくのをナベカリといっている。

ところでナベカリという言葉はどうしておこったかというに、福島県石城《いわき》郡入遠野《いりとおの》(現・いわき市)地方で、他出した子が盆の一日を申しあわせてウドンその他のめずらしいものを持ちより、親もとで鍋を借りて食事をととのえ、親にすすめる行事があった。多分こうしたことからおこった名であろうと思われる。子供たちがそろって親のしあわせをことほぐための行事だったのである。

日ごろは疎遠になりがちである。それをこうした特定の日に集っておたがいの幸福を喜びあったものであろう。そうした行事の普及につれて親はなくとも働きに出た者もまた家にかえり、墓参などする習慣が一般化したものと思われる。そしてそういうものが他出している者とふるさとをつなぐつよい絆《きずな》ともなっていた。

◉旧暦から新暦へ

盆にくらべると正月は年末年始の休みが大会社や官庁にもあるので、この方は今日も帰省者がきわめて多い。と同時に旧暦の正月がほとんど新暦にあらためられてきた。旧暦の正月には官庁大会社も休まない。そのため帰省者に歩調をあわせで新正月にきりかえたところがすくなくない。これにはまたいろいろと別の事情もあったのである。たとえば今までは東北地方では田植えは六月の末におこなわれ、稲刈が一一月になった。その収納の十分すまないうちに新正月がくる。それではおちついて正月もできなかった。ところが昭和三〇年ころから、稲の早期栽培がおこなわれるようになり、稲刈が九月末から一〇月初旬にはおこなわれることになった。すると新正月には収納作業はほとんどすんでいて、正月をゆっくりした気持で祝うことができる。そして帰省者をも迎えて団欒をするようになった。

一方、盆の方も旧暦から月おくれの八月におこなうようになった。七月では早すぎるし、まだ学校も夏休みになっていない。八月ならば田の草もとりおえて時間的な余裕もある。

こうして民衆は民衆の持つ行事を官庁のきめた行事にあわせつつ生かしてゆこうと努力している。そしてそういう努力のはらわれている間は都会に住む田舎出身の者の田舎との縁は容易にきれないであろうし、また都会の中に地方的な雰囲気が消えないでのこっていくであろうと思われる。こうして日本の都会は二重性格――一種の植民地的なものを持ちつつここ当分は発展していくのではなかろうか。

4 県人会

◉東京へ住みつく人

東京の人口一〇〇〇万のうち、自然増加をのぞいていったいどれほどの人間が他地方からこの都に流れ込んでいるのであろうか。これについての正確な統計はないから何ともいえないのであるが、それぞれ人を送り出している府県の側には推定された数字がある。その筆頭は千葉県で、約一〇〇万にのぼっているといわれる。この一〇〇万人のほとんどは隅田川の東、すなわち江東地区に住んでいるという。農村で食いつめてこの大都会の一隅に流れ込んだもののようである。千葉は昔から武家、町家への奉公人をたくさん出していたところである。

千葉についで多いのは新潟で、ここからは農閑期の季節労働のためにやってきたものが定住したのがすくなくない。「頼まれれば越後からでも米搗《こめつ》きに」という言葉のあるように、町家の米搗きに雇われて一年間の米の搗きだめをしておいて郷里へかえったものだという。そのほか、町家の下働きや夜警などにも雇われた。肉体的な労働が多かったようである。そうした肉体労働の一つ、風呂屋の三助から浴場経営者になった者も多い。東京の浴場二千余軒のうち半分は新潟県人が持っているという。中には手に職をもって働きにくるものもあり、それには大工が多かった。北陸では大工のことをゴチョウとよぶふうがある。それを漢字にして午腸と書いた機械店が渋谷川にのぞんであるが、きいてみると新潟出身で、もとは大工をしていたとのことであった。ゴチョウは正しくはゴショウで午餉と書き、古い時代、民間の食事が二食であったころに、大工には別に午餉を出すならわしがあって、それが大工をゴチョウとよぶようになったという話を能登できいたことがあるが、とにかく新潟県から東京へ出ている人数は八〇万ないし九〇万人だろうとのことである。

新潟とおなじように多いのが長野県で、昔は信濃の椋鳥《むくどり》とよばれていた。この椋鳥は秋きて春かえっていった。やはり農閑期の出稼ぎが主であった。しかし季節出稼ぎから離村にかわり、いまでは八〇万にのぼる人が東京で働いているとみられる。

茨城・埼玉からは各五〇万、群馬三〇万、栃木二〇万と関東各地から東京へ出ているものは全体（千葉を含めて）で二五〇万にのぼるとみられている。これらの人たちの職業は多種多様であったようだ。商人として入りこんだものもあり、駄賃付けなどの荷物運搬していたものがおちついたのもあり、季節労働者もいる。鳶職《とびしょく》のようなもので東京で生活するようになったものもすくなくない。いずれにしても東京へ集ってきたのはやはり関東平野のものがもっとも多かったわけで、その関東方言が江戸語の母胎となっている。

関東以外では宮城四〇万、京都三五万、山梨・広島三〇万、静岡二五万、秋田・富山・鹿児島が各二〇万とみられている。京都からの三五万は明治初年首府が京都から東京へ移されたことに深い関係があるようで、遷都にあたって公家の大半と、それに仕えている者たちが東京へ移ってきた。そして東京と京都との間には深い親縁関係が結ばれた。そういうことによって両者の間にいまもたえざる交流がみられているようである。

ずっととんで西の広島と鹿児島からの出京者の多いのは、前者は明治二七、八年の日清戦争のとき大本営が広島におかれたとき以来、東京との密接な関係を生じたことが原因しており、鹿児島は明治維新以来、官吏・軍人を多く出し、それらの人々が後輩を東京へ呼びよせたことに原因がある。

◉学　寮

西日本から東京へ出てくる人はもともと出稼ぎはすくなかった。むしろ遊学するものが多かったのである。どのように辺鄙なところであってもそこに大名がおれば大名は必ず参覲交代《さんきんこうたい》をし、そのために家臣の中には江戸へ随従していくものも多く、武士の家ならば江戸につながりを持ったものは日本中のどこにもいたわけである。そして幕府がたおれて武家政治がやみ、城下町に住む士族たちの生活が苦しくなると、郷里をすてて東京へ出るものがきわめて多かった。そこへ行けば何とか食うことができると考えたからである。武士たちにとって城下以外の土地は領内の農村よりも東京の方に親しみが持たれたのである。そして一つの城下町のうちの武士のほとんどが東京へ出ていったという島根県津和野《つわの》のような例も見られた。津和野の士族町は現在の津和野町の西郊、いまは水田になっているところである。その水田の中に森鷗外の家がたった一軒士族屋敷らしいおもかげをとどめてのこっていて、あとはすべて水田になっている。その森鷗外すらが

明治初期、邏卒といわれた巡査には、地方の武士出身者が多かった。

東京へ出て名を成したのであった。武士がいかにつよく東京に結びつけられていたかを知ることができる。

東京へ出た士族たちは巡査になり下級官吏になり、また若い者は学校にまなんで出世の緒《いとぐち》を見いだしていった。これには旧藩主の庇護もあり、藩士の子弟たちはそれぞれ仲間をつくって相はげまし、寮をもって共同生活を営んでいたものもあった。その典型的なものは愛媛県であった。そしてその中で南予明倫館《めいりんかん》が歴史がもっとも古く明治一九年に宇和島《うわじま》藩主が旧藩士子弟教育のためにこれをたてた。また松山藩主久松氏は常盤寮《ときわりょう》をたてた。いま中予学舎《ちゅうよがくしゃ》とよばれている。西条《さいじょう》藩は西条学舎をたてた。いま東予学舎とよばれている。さらに大洲《おおず》藩は肱水舎《こうすいしゃ》をたてた。今日ではそれぞれ民間の経営になっているけれども、これらの寮を一つの拠点として地方の城下町と東京は結ばれていったわけである。そしてこれは愛媛県のみならず他の府県でも多くの例が見られたのであるが、士族たちばかりでなく、一般農民のためにも寮はもうけられ秀才を東京に遊学させようとする動きはすぐれた先輩を持つ県に見られ、埼玉県では渋沢栄一が埼玉学生誘掖会をもうけて学生勉強のために協力している。埼玉は東京の隣県であり、これは異例のように見えたが、このような風潮はやがて国全体のものとなっていく。

東京遊学を組織化したことで古い歴史を持っているのは岡山県で、明治一二年に早くも東京で「岡山県青年会」をつくっている。これは士族のみの集りではなかった。この県には早くから好学の士が多く、またすぐれた学者もたくさん出ている。そのため遊学を志して上京するものが相つぎ、現在も三万をこえる在京学生がいる。

◉県人会

元来、西日本は東京に出稼ぎにゆくには遠すぎたから、大阪をその主要な稼ぎ場としていたが、明治中期以降になると、朝鮮・満州・台湾などへ進出するようになってくる。そして東京へは出稼ぎではなく就職するために進出するようになるが、それも鹿児島・沖縄をのぞいては戦後のいちじるしい現象であった。

こうして東京というところは、江戸時代以来そこに住みついた人々の子孫を中心にして、その周囲の村から生活の資を得るために出稼ぎにきたものの定住、あるいは郷里で食いつめて塵芥の吹きだまるように町の一隅に住みついたもの、さらにより高い学問を身につけて世の中の指導層になろうとする旧武士層を主体とした地方民たちによって形成されてくるのである。

そしてそれら遊学生たちを中心にして、それぞれグループがつくられていった。これがしだいに県人会に成長してくる。県人会に入っているものは一般に成功したとみられる人々で、この仲間は時々集って交歓する。年末の忘年会時期に料亭やホテルなどで「〇〇県人会様御席」と書かれた札のあるのを見いだす。県人会長にはたいてい県出身の出世頭の長老がなっており、集ってきたものは自分のしている仕事についての一通りの報告があり、さらに郷里の話に花をさかせ、若い日のふるさとを思い出して語りあうのが普通である。そして先輩は後輩のめんどうをみ、後輩は先輩を尊敬し、人事についてもいろいろとめんどうをみあうことにしている。したがって県人会の強力なところでは地方から出てきた者も就職が容易である。

◉郷人会

県人会が県出身者の中でも有力な人によって組織されているのに対して、郡人会をはじめ、町人会、村人会となると、一地域から出た者によって組織され、この方には一般労働者もまじっていてさらにその団結はこまやかなものになってくる。そういう会合がいったい東京の中にどれほどあるのかしれないが、とにかくおびただしい数にのぼるものであろう。一県あたり一〇を下ることはないと思われるから、すくなくも五〇〇をこえる郷土人会があるとみられる。

その中の一つ佐久島《さくしま》会というのをとってみる。佐久島は愛知県の三河湾の中の小島で、もとここは伊勢湾から江戸へ通う帆船の寄港地であり、島民は帆船の水夫になるものがすくなくなかった。その船がまたしばしば時化《しけ》のために沈没して、一時に二七人もの溺死者を出したこともあったが、依然として水夫を業とするものが多かった。

ところが、明治中葉以来、汽船の発達にともなって帆船は急に姿を消した。そこで水夫としての職を失った島民たちは横浜へ出て端舟乗りになったのである。貨物船が沖につくと荷を端舟におろす。端舟は小型蒸気にひかれて岸壁へもどってくる。時にはその船が東京の隅田川までやってくる。

端舟乗りは一見楽なように見えるが、人に雇われれば賃銀が安く、人を雇えば金がかかってもうけがうすくなるので、たいていは船主から船を借りて夫婦で乗ることにする。女房の力を借りれば賃を払わなくてよい。賃は安いが役得はある。石炭を運ぶときはすこしずつ船のすみにのこしておく。これをホマチにする。つまり自分のものにする。その石炭は多くは風呂屋へ売った。そうした金はためてみると馬鹿にならぬほどの額になってくる。また綿を積むことがある。梱包のやぶれからはみ出たものをすこしずつとっておく。これをためておいて綿屋にたのんで打ってもらって、布団をつくる。この布団を宿屋や料理屋へ賃貸する。

そうした金をためて風呂屋を買うもの、小料理屋をいとなむもの、宿屋をいとなむものも出てきた。また端舟を買って郷里から人を呼びよせて乗らせるものもある。料理屋といっても一杯飲屋程度のもので、やってくる者も港湾労働者であり、酒とバクチと女がつきものである。そういう営業をするには気心の知れたものでかためなければならないので、たいてい郷里の者を呼びよせては使ったという。

そうした中にあって自動車の発達から端舟に見きりをつけて陸運会社をつくったものもある。またパン製造などに成功したものもある。いずれも郷土人のかたい結束によってこれらの事業はしだいに成功していったものであり、その仲間によってつくられているのが佐久島会である。成功したもののみが集っているのではなく、郷土を等しくして共に働いているものが結束してつくっているから親密の度もつよく、また内部での序列もはっきりしている。そしておたがいは佐久島島民であることをつよく意識している。

その居住区もほぼきまっている。地方から出てきたものが町の一隅に同郷人の町をつくることはすくなくない。

山口県萩《はぎ》沖に見島《みしま》という島がある。人口二〇〇〇人あまりの島だが、この島のものは島外に出ているものの数の方がはるかに多い。主に萩と下関へ出ている。下関へ出ているものだけでも一五〇〇人にのぼっている。そして一町を形成し、また見島会をつくっているという。

このような地方人のつくった町は自然発生的なものであるが、もともと政策的にも地方人を呼びよせて町づくりをすることは古くからおこなわれていた。これについては後にすこしふれてみたいけれども、一つの例をあげると、大阪には豊後町・備後町・備前島・周防町・薩摩堀・阿波座・土佐堀・伏見町・堺筋などがあったが、それぞれの地方の者が出てきてつくった町である。人の住まぬところへ新しく町をつくるにはこうした方法をとらざるをえなかったのであろうが、一方地方からくるものが大体同一職業にたずさわるとなると、それがまた一地区に集って住むことになる。だから職人町には地方の色彩をそのままつよく反映しているものがすくなくない。東京の佃島《つくだじま》などはそれで、徳川家康が大坂夏の陣のとき、摂津（大阪府）の佃からつれてきた漁師の子孫であるという。彼らは白魚《しらうお》をとるのが上手で、それをとって家康に奉ったことから、佳賞せられて江戸へつれてこられた。そしてそこでも四ツ手網を用いて白魚をとり、これを幕府に献上するとともに佃煮《つくだに》をつくった。そして江戸の一隅に住みつつ摂津在住以来の習俗を容易にすてなかった。ここにおこなわれている盆踊りなどまったく関西ふうなもので、それだけでも関東との差異を感ずる。地方から出たものが一人で都会の中におればすぐ都会色にそまるであろうが、集団で住むと容易に古いものはすたれない。

5　地元の者と他所者

◉東京のなかの村

ところが東京の中にはまた古い東京ものこっているのである。他所者がぐんぐん入りこんできて他所者によってぬりつぶされたように見える町の中に古い東京がポッンポッンとのこっている。何回も焼けた下町はともかくとしても、もと郊外であったところが町内化された町をあるいてみると、そこに古い武蔵野の村のおもかげを発見することがある。数年まえのことであるが中野区新井薬師で偶然盆踊りを見たことがある。高い櫓《やぐら》をくんでその上に音頭とりと太鼓うちがおり、また優秀な踊り子は太鼓のまわりで踊っていた。一般の踊り子は櫓の下で踊っていた。初めのうちはレコードなどにあわせて新しい踊りを踊っていたのが途中からこの地方でおこなわれていた古い踊りを踊りはじめた。すると、一般の人たちはこの古い踊りはほとんど踊れないので踊りの輪がくずれたが、それに入れかわって実に上手に踊る一群が輪をつくった。そろいの浴衣を着ているのである。音頭の声もさえた。私のそばで見ていた老人が「うまいもんじゃ」と、うなるようにいった。「この連中は〇〇村のもんじゃ。あそこのもんはうまい」

若者たちは一とき踊っていたが、急に輪をくずしてどこかへ行った。また別の踊り場へいくらしい。この仲間が去るとまた新しい盆踊りになった。こうして武蔵野の古い村の若者たちは、盆になると村から村の踊り場を踊りあるくという。時には競争で踊る。音頭が太鼓を負かすか、太鼓が音頭を負かすか、また踊り子が、太鼓・音頭を負かすか、それこそ火の出るように踊りあうという。

「そういう踊りはもっと夜がふけぬとだめじゃ。それに近ごろは、月あかりで踊るのでなくて電灯で踊るので味がなくなった。盆が新暦になっておもしろ味がなくなった」とその老人は語った。

若者が月の夜を村から村へ踊りにあるいたのはよい娘を見つけるためであったという。よい声をして踊りがうまければたいてい娘がよってくる。そして娘も心をよせてくれる。声と踊りは女を近づける武器であった。その老人も若いころは練馬から池袋・早稲田のあたりまで踊りあるいたという。

するとそれはまた餅つきの仲間の移動範囲とほぼ一致する。武蔵野の農家では正月すぎてから寒餅をつく。寒についた餅は保存にたえる。そこで家によっては何石というほど餅をついた。若者たちはそのころになると杵《きね》をかついで村々をあるいた。そしてどこかで杵の音がするとその家へのりこんでいって餅つきの手伝いをした。武蔵野の民家は屋敷林にかこまれてばらばらにあった。だからどの家にどんな娘がいるかはなかなかわからなかったし、これという理由もないのに、家々の娘を見てあるくことも容易でなか

東京都三田小山町界隈。古い東京下町の名残りをみせていた場所の一つだったが、今は新しくなって、このようなおもかげはない。

戦前までは、まだこのような江戸時代の遺物が、東京市内にも、点々と残っていた。これは、板橋区中村町（現・練馬区）にあった石の道標であるが、今はない。表に「左、雑司ケ谷・高田道」とある。

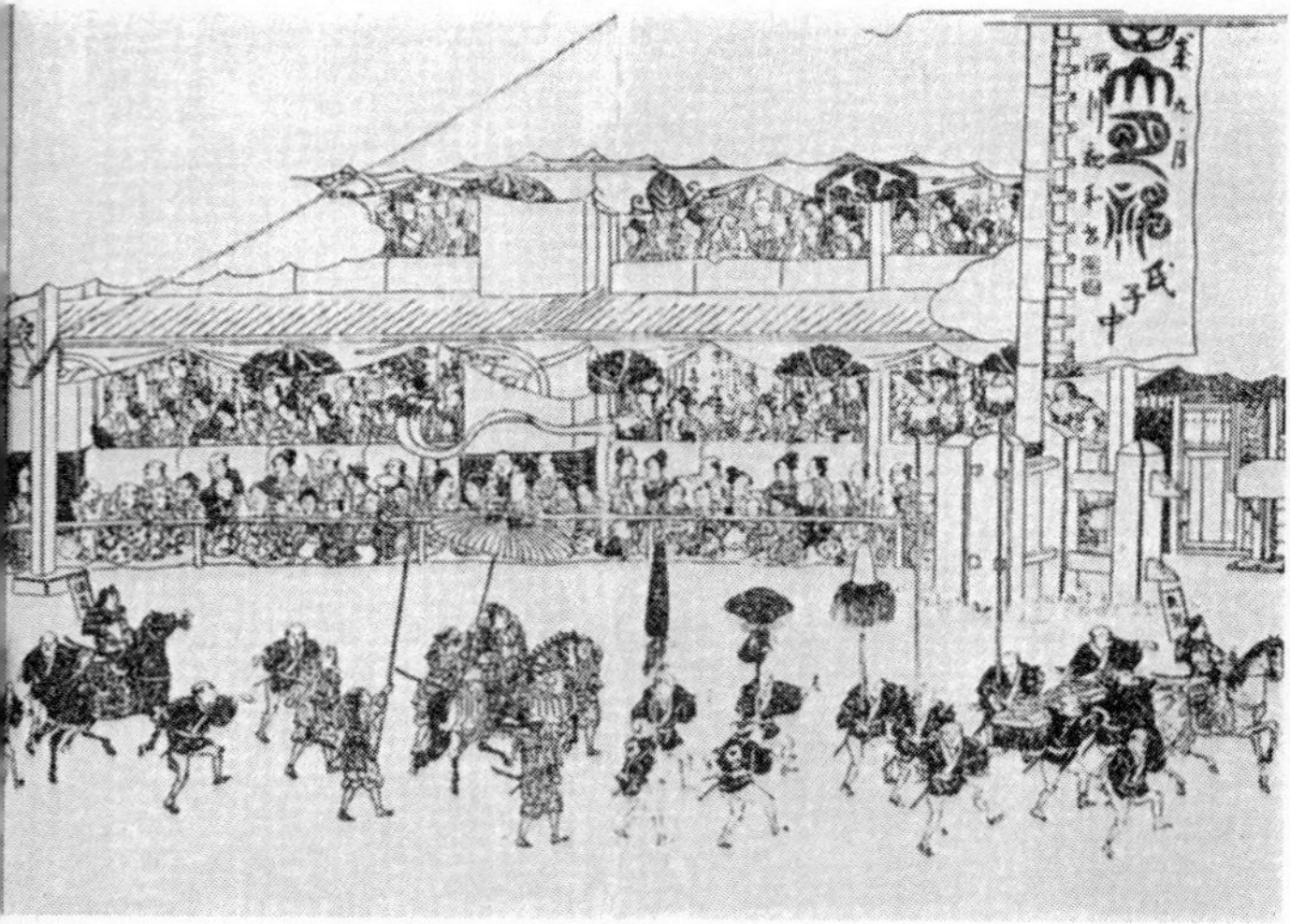

りにくらべて、江戸時代にはいかに盛大だったかがわかる。(「江戸名所図会」)

った。餅つきは娘を見てあるくにはよい機会であった。そこで若者たちは餅つき季節になるとじっとしておられなくて、村々をうろつきまわったのである。練馬できいた話では、練馬から西へいったことはすくなく、東は早稲田あたりまでであったという。それくらいの間の村々が一つの通婚圏をつくっていたようである。周囲が他所者の家に埋められるようになっても、餅つきはおこなわれていたが、今どうなっているであろうか。昭和三〇年ごろの餅つきにはもう若い者の姿はなくて、かつて村々を餅をついてあるいたという五〇歳、六〇歳台の人によっ

９月15日におこなわれた江戸神田明神の祭り、いわゆる神田祭り。現代の神田祭

ておこなわれていた。紺の法被《はっぴ》に紺の股引《ももひき》、紺の足袋《たび》に雪駄《せった》をはき、しぼりの手ぬぐいで鉢巻をしたキリッとした姿で餅をついた。まことに好ましい風景であった。

古い武蔵野の村の中にはこうした行事が数多く見られたはずである。それが今日まで持ちつたえられているものもあるが、他所者の入りこむことによってくずれていったものが多い。しかしくずれていっても古くからの集落はそれなりに結束し、共通した生活をいとなんでいる。東京の町の中でおこなわれる祭礼などには旧市民を中心にした古いおもかげが多分に見られるのである。それぞれに神社や祭りの世話をする古くからの家があって、町内から寄付をあつめて祭りの準備をし、町家の店先を借りて神輿をかざり、町内の若者たちにこれをかつがせてねりあるかせる。

ところがこうした祭りに対して地方からきた者の大半はまるで無関心なのである。祭りの寄付さえ拒絶するものが多い。彼らには別にふるさとに神がある。そのため新しい居住地の神をまつろうとはしない。

◉ベッドタウン発生

昭和三七年の大晦日《おおみそか》の夜、私は妻と二人で東京都府中の大国魂《おおくにたま》神社にまいった。私は府中市の北端に住んでいる。そしてそのあたりはまったくの新開地で、つい最近までは一面の畑だったところで、雑木林がいたるところにあった。戦後その雑木林をきりたおして都が外地引揚者の住宅をつくったのがこのあたりの町発生の最初であった。この引揚住宅を中心にしてしだいに人家がふえていき、現在は古い府中の町まで続いてしまっている。

新開地はみな府中以外からきて住みついた者である。私もその一人なのである。さて家を出て道をあるいて行くと実にひっそりしている。どの家ももう眠ってしまったようで、灯のともっている家は何ほどもない。

ところが古い府中の町へはいるとどことなく活気が感じられる。起きている家も多いし家の中から話し声もきこえる。道をあるいている人もいる。大国魂神社の参道には篝《かがり》火《び》をたき、参詣者は相ついでいた。ここには神社を中心にした古い年越風景が見られるのである。この地に久しく住み、この社の氏子であることを意識している者の多くは夕方から夜なかにかけてこの社へまいったことであろう。

だがそれ以外の新住者たちはそういうことにまったく無関心であるといっていい。ではその新住者たちは新しい意識をもち、新しい時代を生きるために古い伝統的なものに目をくれないのかというと必ずしもそうではなく、郷里へ盆がえり、正月がえりをしている者が多いのである。こうして二つの異質なものが寄りあつまって町をつくっているという感じがふかい。

しかも郊外に発生してくる新しい町は、郷里を同じくする者が寄りあってつくるというようなものはすくない。今日では土地の入手がむずかしく、自分の意志で土地をえらぶというよりも、そこに土地があったので入手したというような偶然的なものが多く、したがって計画的に居住地を見つけ、ひらき、住みつくということはすくない。その周囲にどういう人がいるかということをも、たしかめることはすくないし、まして同郷人が一つ所に住むというようなことも、偶然の機縁でもなければありようがないまでになっている。

したがって、そういう偶然的な土地選定によって居住することは、おのずから居住者を孤独の中へ追いこんでしまう。そして周囲に警戒深い目を向けさせることになる。そのことから家の周囲に垣をめぐらせる。周囲の目をさけたいためである。

私は他人がつくり他人が住んでいた家を買って住みついた。家のまえには板垣がめぐらしてあった。前住者の夫人が、「前に二階建があって、そこが下宿屋で学生が二階から見下すので垣を高くしました」といった。私は垣のない家に住みたいと思ったが、家族の者が承知しない。ふるさとの家にも垣はなかったし、夜寝るときも錠をかけることはなかった。泥棒の入るおそれを持ったこともなければ、ゆすりがきていなおる心配をしたこともなかった。

だが町に住み、周囲のすべてが他人であり、また他所からきた者であるとすると、おたがいはその生活を見せまいとする意識をつよく持つ。こうして郊外の新住宅地には塀をめぐらした家が建ちすすんでいくのである。そしてそれが新しい道徳を形成していく。

◉月見のモラル

名月の夜、月にそなえていたお団子を近所の子供に盗まれて怒りにもえた若い母親がそのことを新聞に投書した。「せっかくたのしみにつくった団子を月にそなえたあと愛児とともにたべようとしたのを盗まれた。実にけしからん」というのである。ところが月見にそなえた団子は全国各地に子供たちが盗んであるく風習があり、それを罪悪と考える者はなかった。むしろ盗まれることを喜ぶのが普通であった。月の夜を、村じゅうでともにたのしみ祝おうとする心からであったと思う。

さらに古くはもっと深い心があったのかもわからない。熊本県球磨《くま》地方では名月の夜はどこの畑のものでも自由にとってよかった。その理由は最初一枚一枚の田畑をひらいた人は、その田畑が自分の子孫によって耕作され、その生活の安定を祈っていたのだが、多くはやむをえぬ事情によって他人の手にわたっている。他人はただ金を出してそれを買っただけでたいして苦労もしてはいない。そしてしかも開拓者の志とはちがってしまっている。そこで名月の夜、現在の持主のものでも、またどれのものでもない土地として、だれがどの田畑にあるものをとってもとがめないことにしたのだという。だれのものでもない、みんなのもの、という考え方、みんながおなじようにたのしもうとする考え方は日本の年中行事の中につよくあらわれている。そういう考え方や行為が立場をかえると罪悪と見られるようになる。

こうして新しい都市発達の中にはそこに古くから住んでいる人たちの集りと、新たに住みついた者との間の溝、また新たに住みついた者同士の疎外が目立ってきつつある。そのことが地域社会の持つ伝統をこわしつつ、一方では新しい社会秩序や新しい社会道徳をなかなか生み出してこない。孤立した家々の中から共通した思想感情を生み出すことは容易ではないからである。

6　市民意識の発生

◉古い町の秩序

東京の朝の通勤電車でいつも見かけることだが、席をとるために血相をかえて乗りこむ。それがどんなに紳士面をした者でもおっとりかまえた者はほとんどない。目的地まで一時間ほどを立ってゆくのとすわってゆくのではたいへんな違いで、だれしもすわってゆきたいのだが、それにしても他人は他人、自分は自分という感じがふかく、老人が目のまえに立っていても席をゆずろうとする者はほとんどいない。

ところが京都へいって市電に乗ると人は立っているのに席のあいていることが多い。若い者や学生たちは席があいていてもあまりすわろうとしない。座席は老人や子供のすわるべきところと心得ているようである。古い伝統を持ち、また周囲から多くの人が入りこんでふくれあがった町というよりも、そこに久しく住んでいる者がなお町の秩序を維持している、これは一つの姿ではないかと思ってみる。

古い伝統を持つ町には、町のモラルがあり、秩序があったものである。東京も江戸といわれたころの下町にはそれがあったという。京都や大阪や堺などには今日もなおそれが見られる。京都の町をあるいていると、今でも町家の軒先に「自身番《じしんばん》」の提灯のぶら下っているのを見かけることがある。町民によって町内を取締っていたときの名残りで、今日でいう自警の当番である。そういう社会ではおたがいの信用を何よりも大切なものにした。信用がなければ長期取引はできなかったはずである。

昭和一二年に日支事変がおこってから徐々に経済統制が強化され、配給制度が確立せられてくるにつれ、すべて現金勘定になっていったけれども、それまでは盆、正月の半期勘定が多かった。昭和に入って現金勘定はかなりすすんでいたが、それでも古い町では商売によってはなお半期勘定制をとっていたものがすくなくなかった。

大阪府の堺など終戦まえごろまで散髪屋は半期勘定の店があった。そういう店では得意先は大体きまっていて、新規の客はあまりとらなかった。散髪屋の方はお客の何もかものみこんでいて、椅子へ客をすわらせると髪の形などきいてもみないで、手を動かしつつ世間話をはじめたものである。だから床屋は隣近所の人の集り場所でもあった。床屋政談といわれるほど市井の人々の気炎をあげる場所でもあった。私は昭和一一、二年ごろ堺の散髪屋でいろいろの話をきいたことがある。堺の町について古いことを一通り知ったのは散髪屋の店先であった。

こういう経営が成立したのもおのずからなる自主統制があったためである。もとよりそれには上から武家政治による統制が大きく影響していたことも忘れてはならない。

武士はもともと生産者ではない。かりに生産に関係ありとしてもそれは農業を主としており、武士にとって統治の対象になるものは土地と、そこに住んでいる人であった。すなわち領土の保有がまず第一で、そのために戦争をくりかえしたものである。そしてその領内で一定の人口と生産を確保し、それによってみずからの勢力を維持しようとした。

しかし土地には限りがあり、またおたがいの領地は接していて、世の中が平和になると領土を拡大して勢力をつよめようとすることはほとんど不可能であった。すべての問題をその領土の中で解決しようとするには、できるだけ現状維持の体制をとることが一番無難であった。したがってどこでも仕来《しきたり》が尊重され、前例が大事にされた。そしてあらゆるものに制限がもうけられた。たとえば酒屋の数、紺屋の数、船の数などそれぞれ一つの藩内にとりきめがあって、それをふやそうとすることは容易にゆるされなかった。そういうことが産業や文化発展の上に大きな停滞を生んでいくのであるが、それだけに商売にたずさわるものはその縄張りを大事にし縄張りの内側の得意先を大事にしたのである。

もとより商圏を拡大するためのいろいろの手段はとられたが、それには大きな危険をおかさねばならなかった。たとえば新しい商品を売り出すとか、遠方に商圏を拡大するというようなことがそれであるが、物の生産をほとんど人力にたよっていた時代には生産力にもおのずから限界があって、今日のように商品が消費者に押しつけられる形で売られるのではなく、消費者の注文に応じて商品のつくられることが多かったのである。それだけに商人も職人も得意先の気に入るように努力したし、得意先との関係は親密でもあった。またそういうことが半期勘定をも成立させたのである。

しかしこうした社会的な秩序を保っていくためには、おたがいがそれぞれ自分の身分に応じた責任とか義務を守らねばならなかったのである。それには二つの規準があったようで、その一つは地域社会の中の秩序を守ることであり、その二は同族の中の秩序を守ることであった。

◉町の自治

町はいろいろの人が方々から集ってきて住んだところであり、姓の異なるものの集合体であったから、そこで秩序のある生活をするためにはおたがいの理解を深めるための努力がなされなければならず、町内の寄合いなども必要であったが、その発言のゆるされている者は、その土地に住んでいるだけでなく、税金もおさめ、町内のいろいろの公事もつとめる者でなければならぬ。したがって借家住いの者にはその権利はなくなってくる。町に住んで自治のための発言権を持った者を中世末には町衆《まちしゆう》とよんでいた。それが江戸時代になると町人とよばれるようになる。そしてそれら町人の中からえらばれて、一つの町内の自治にたずさわる者を町年寄《まちどしより》といった。町には別に会所《かいしよ》を持つものもあり、町年寄の家を会所に利用するものもあったが、いずれにしても町人衆のあつまる場所を必要とし、そこで話しあいをしたのである。

大阪府堺の町にはもと三六の町があり、一つの町に一人ずつの年寄がいたから、合計三六人の年寄がおり、これを堺三十六人衆といっていた。

大阪も堺に似ており、一町に一人の年寄をえらんで、これが町の事務にたずさわったのである。年寄は町内の町人と家守《やもり》によって選挙した。自分の思う人の名を書いて箱に入れ、これを町内住人立合の上で開票したというから、今日の選挙とたいしてかわりはなかった。そして再選三選はさまたげなかったから、長くつとめている者もあったが世襲ではなかった。

これらの町年寄の上に惣年寄《そうとしより》が十数人もいたが、惣年寄は世襲で他に職業をもたなかった。そして苗字をもっていたが、苗字のない者は屋号でよんだ。そして一カ月交代で惣会所へ出て事務をとった。惣年寄はその宅地も領主からもらい、長屋門と玄関のある家に住み、惣会所へ出るときは裃《かみしも》を着て腰に刀をさしたから武士に準じていたものと思われる。惣年寄は町奉行《まちぶぎょう》の支配下にあった。惣年寄のほかに三町人というのがいた。これは大阪城代に属していて、城代が大阪市中を巡見するときにはその案内をし、また江戸との連絡事務をとっていた。

元来、堺とか大阪とかは商人の町であり、商家は道路に面してつくられており、したがって勢力ある商人は表通に住み、借家はその裏につくられていて借家人は多くそこに住んだ。そして町名は道についていた。これは古い都城制に見られる条坊の呼称すなわち一条・二条・三条……、大路・小路などと関連するものと思われ、京都の地名は古い呼称がそのまま生かされて現在にいたったものがすくなくない。大阪では東西の道を通《とおり》とよび、南北の道を筋《すじ》といった。条・大路・小路・通・筋などの呼称が道につけられた町名はすくなくない。

これに対して江戸では地名が道を主体にしてつけられたものはほとんどなく、たいていは地域名である。これは村里における地名のつけ方をそのまま採用したものであり、町役人の名称や身分も上方とはちがっている。

江戸で町人の中の最高の役目をつとめるものを三年寄といったのは上方にも共通しており、かつ世襲制である。この三年寄の下に十人衆がいた。これは富豪一〇人をえらび、江戸の町の財政上の金銭の出納や義倉の事務にあたらせたもので、勘定奉行に属しており、世襲であった。また五人衆というのがあり、これは町奉行所関係の金銭出納にあたり、町奉行に属していた。

各町を治めるものは名主《なぬし》といった。村里の長を名主とよぶのに共通し、村里の長と同様に世襲であり、他の職業には従わなかった。上方の町年寄は一町に一人ずついたのであるが、江戸では一人で数町の名主をつとめた。すなわち江戸の町数は一六四一町あったが、これを二八四人の名主がおさめたのである。したがって江戸の町はそのはじめから農村的な性格がつよく、上方の町とはおのずから趣を異にしていたといえるのである。

以上町の地域社会としてのあり方の差が、町そのものに対する町民の考え方にも影響を与え、上方では町内を自分の町と感ずる意識がつよかったが、江戸では町内意識はそれほどつよいものではなかった。

ところが、上方にあっても町人の一人一人がドングリの背くらべではすまされなくなり、何とかして自分の社会経済的な地位を高めようとする場合は、二、三男をどしどし分家させて、同族的な勢力をつよめていくのが一つの重要な条件になってくる。だからできるだけ多くの分家を出すように努力し、女の子があっても嫁にやらず、養子を迎えて分家させる。いわゆる女系家族や女系親族がふえてくる。そして本家がその中心になって全体を支配する。こうして血縁や姻戚を通じての結合と秩序が町人社会にはかなりつよく見られたものである。

そしてこのような町内意識の強弱が今日における市民意識の強弱の上にもかなり大き

い影響を与えていると見るのである。それは市民行事の上からもよみとることができる。

7　市民の祭り

◉祭りとお城

私は都市の祭礼についてしらべていて奇妙なことにぶつかった。それは市民全体が一つにとけあうような祭りを持っている町と、そういう祭りをほとんど持っていない町のあることとである。

たとえば長崎市におこなわれるオクンチとよばれる行事は市民全体のものである。また博多の祇園《ぎおん》の山笠《やまがさ》なども町をあげての祭りである。近畿地方にも京都の祇園の夏祭り、大阪の天神祭り、堺の夜市など市民全体の参加しておこなう祭りがある。

ところが東京にも名古屋にもそれがない。東京での神田祭りも山王祭りも市民全体の祭りではない。そこでよく見ると城下町であったところには市民祭的なものがきわめてすくないことに気づくのである。仙台・水戸・岡山・広島・高知・福岡（博多と一応区別して考える）・熊本・佐賀・鹿児島などの大きな大名のいた城下町について考えてみても、全市がわきたつような祭礼行事はない。仙台の七夕といえども明治以後客寄せが目的でさかんになったもので、市民祭的なものではない。

これらの町では町人の上に武士が大きくのしかかっており、武士そのものの社会には自治もなかったし、また市民意識は寸毫もなかった。そこにあるものは「主君の為」の意識であった。そしてそこに住む町人も町の中央にそびえるお城を一つのシンボルにして、そのシンボルの大小や威容にみずからもほこりをおぼえたのであった。

近ごろ各地にお城の復活が見られる。熊本・平戸・小倉・広島・大阪・岸和田・伊賀上野・名古屋・岡崎・小田原・富山などかなりの数にのぼり、さらにその数はふえようとしている。城下町というものは城を中心に発達したものだけに城のあることがふさわしいような地形の中にあり、町そのものも東京・名古屋・大阪などをのぞいては工業都市的でないものを持っている。かりに工業都市的な性格のところでお城が復活しても、どうも町のシンボルという感じがしない。小倉城・岸和田城などその例にもれぬ。わざわざ復興してみてもたいした意義もないようである。

その他の町の復興城でも、城を町のシンボルにしなければならないような市民意識の低さ、同時にそういうものを所自慢にしなければならぬ弱さがひそんでいるようである。それは多くの城下町を通じて町そのものの個性というようなものが、つよく出ていないこととも関連しよう。

◉祇園祭り

これに対して京都の祇園祭《ぎおんまつ》りは日本でもめずらしい市民祭の一つといえる。この祭りは貞観一八（八七六）年にはじまったといわれている。この年、京都に疫病が流行してとどまるところを知らなかったので、うらなってみると、牛頭《ごず》天王のたたりであるということがわかった。牛頭天王は斉明天皇の二（六五六）年、高麗《こうらい》の伊利之使主という者

明治時代の祇園祭り

が、朝鮮の牛頭山の武塔天神の神霊を播磨の広峰にもってきてまつったものであったが、その神霊をなぐさめて疫病の流行をとめようとして、常住寺の僧円如《えんにょ》が播磨から京都に勧請し、六月七日に卜部日良麻呂《うらべひらまろ》が勅を奉じて、日本全国の国数に準じて、長さ二丈ばかりの鉾六六本をたててまつり、同じ月の一四日には洛中の男子、郊外の百姓らが、神霊をのせた神輿を神泉苑《しんせんえん》に奉じて盛大な祭りをおこなった。これを御霊会《ごりょうえ》といった。

この祭りは天禄元（九七〇）年から毎年おこなわれることになり、長保元（九九九）年には无骨《きこつ》という者が大嘗《だいじょう》会《え》の標の山をひくがごとく鉾をひき、行列に余興を加えたので、祭礼の渡御がにぎやかなものになった。无骨は田楽法師で、田楽が余興に加わったわけであるが、その後さらに軽業・走馬・猿楽なども加わって、はなやかなものになり、吉野朝時代に入ると作山・笠鷺鉾・曲舞車なども加わり、さらに鉾を舞車の上にたてて趣向をこらすようになってからいよいよ華美な祭りになった。そしてこれは政府の主催する官祭だったのである。

ところが応仁の大乱によって京都は荒廃をきわめ、祇園祭りも中絶するにいたった。この大乱は京都市民の好むところではなかった。足利氏の家督相続の争いを中心にして細川・山名両氏が東西の主将となり、全国の武士が京都を中心にして戦争をくりかえし、京都の町を焼いてしまった。市民としてはたいへんな迷惑であった。しかもこの戦乱は一一年間も続いた。そのため京都に住んでいた公家や僧侶たちはそれぞれ縁故をたよって地方へ下っていった。しかし町に住む市民はそういうこともできかねた。

では京都を戦火から守るにはどうすればよいかということになる。それには市民や京都周辺の百姓たちが結束して武士を京都に入れないことが先決問題であるとして武士の追出しにかかった。文明一七（一四八五）年一〇月のことであった。当時の東西両軍の主将であった畠山政長と同じく義就が南山城を中心にして戦いをはじめたのに対して、この地方在住の地侍たちのうち青壮年の男子が宇治平等院にあつまって、戦争中の東西両軍に「両軍は即時山城から撤退すること、新関を撤去すること、守護によって侵略せられていた寺社の本所領をもとのように戻すこと」の三カ条の決議事項をつきつけた。

この集会には地侍ばかりでなく、この地方の一般百姓や、京都の馬借《ばしやく》なども加わってたいへんな気勢をあげ、もし武士どもが言うことをきかなければ地侍・百姓が武士軍と一戦におよぶであろうと、つよい態度でせまった。そこでやむなく武士軍は山城を退いてしまったのである。

その翌年二月、国衆はふたたび平等院にあつまって会議をひらき、代表者として三六人をえらび、それが月番でいろいろの決議事項を実行することになった。これを通常山城国一揆とよんでいるが、この一揆はそれから八年の間、山城を支配して、戦う武士は一歩も国内へ入れなかったのである。そして明応二（一四九三）年、伊勢貞宗が山城守護職になるにおよんではじめて解散するのである。

この一揆によって京都の平和は回復され、祇園祭りも復興してくる。そして山鉾は今日見られるような壮麗なものになってくる。そしてその数もなお三〇本あまりのこされており、これを各町内が保管し、祭礼のとき引き出して市中をねりあるくことになる。こうして官祭から、町衆を中心にした市民祭ともいうべきものになってきたのである。かくて祇園祭りは今日まで市民の手によって維持されてくる。

◉堺の夜市

大阪府堺の夜市などもまったく庶民的な祭りである。この祭りは旧暦六月晦日におこなわれたものであるが、いま七月三一日になっている。この日は夏越の大祓《おおはらい》の日である。そして堺の北の住吉神社の神輿の渡御がおこなわれる。この日神輿を奉持するものは船頭・水夫たちである。これは住吉の神が海のことをつかさどる神と信じられており、船人や漁民に尊崇せられているためである。さて神輿は神社のまえを南北に通っている紀州街道を一路南にすすんで、大和川をわたる。そこには堺の船頭や漁夫たちがまちかまえていて、かわって神輿をかつぐ。そして宿院の飯匙《いいかい》堀で大祓をおこない頓宮《かりみや》で一夜をあかすのである。

この日和泉一宮である大鳥神社の神輿も南からやってきて宿院の頓宮で一夜をあかす。この夜、両神の堺渡御を祝う漁民たちはそれぞれ船に魚を積んで宿院の西の大浜海岸にあつまり、大魚市をひらく。全市をあげてわくようなにぎわいを呈するが、単に堺市民だけでなく、大阪市をはじめ、堺周辺の農民も群集して、まったく上下のない市民祭が展開する。もとは夜半すなわち一二時すぎてから住吉の神輿の還御がおこなわれたもので、そのとき参列者は松明と提灯を持ってしたがう。そして大和橋のところまでくると、今度は大阪側から何千という群衆が提灯を持って迎えにきているので、ここで摂津（大阪）側の人々に神輿を引き渡す。これを住吉の火替といった。昔はこの火が大阪湾をへだてた須磨明石辺からもはるかにのぞむことができたので、丘の上に上ってこの火を目あてに神輿を拝んだという。

◉長崎の祭り

市民祭の特色は自然発生的であり、しかもそれが市民の全員参加ということにあり、演技者と観衆の区別がなく、混然と一つになっておこなわれることである。長崎諏訪《すわ》神社の祭礼〝オクンチ〟などそのよい例である。この祭りは寛永一一（一六三四）年、高尾・音羽の二女が神功皇后の新羅征伐に擬して神前で舞曲を奏した奉納踊りに由来するといわれる。こうして遊女が参加したために、その後も丸山の遊女が出て踊りを踊ったが、のちには各町から出て踊るようになった。しかし全市民が踊りを奉納したのではとうてい処理しきれぬ。たとえば寛文一二（一六七二）年には踊り町が七七にのぼったが、これではどうにもならないので、この年参加した七七町以外は爾後参加をみとめないこととし、さらに一年に一一町が演技することにして七年で一回まわる方法をとった。そして各町それぞれ独自の踊りを演出することにした。したがって踊りそのものは実に洗練せられていった。

いまこの祭りは一〇月一日から九日までの間におこなわれているが、その年の六月一日に踊り町にきまった町では小屋入りといって踊りに参加する者が諏訪神社にまいってお祓をうけ、祭りの準備にかかる。さて一〇月一日、すなわち祭りの初日には踊り町では軒並みに青竹を格子のようにたてつらね、三日には定紋のついた幔幕を張り、表座敷に赤もうせんを敷いて踊り子の衣裳・楽器・小道具などを飾り、人々に見せる。これを庭見せという。四日には人数揃いといって本場所へ出るまえの予行演習がおこなわれる。七日には午前三時、諏訪・住吉・森崎三社の神輿が拝殿に安置される。午前六時になると傘鉾の奉納がおこなわれる。傘鉾は各町に一つずつある。直径五尺くらいの輪の台をつくり、その上に町の来歴にちなむ飾りものをし、輪の周囲に繻珍・西陣などの織り出しか刺しゅうを施した幕をたれ、元気な若者がこの幕の中に入って中央の支柱をかつぐ。

この傘鉾は町を出て神社のまえの踊り馬場にゆき、そこを一まわりして神社に奉納される。奉納踊りの仲間はこの鉾のあとに続く。そして踊りが神前の馬場で奉納されることになる。

七日午後には神輿の渡御があり、八日にはお旅所で湯立神事、九日にはお旅所で奉納踊りがおこなわれ、午後一時神輿が神社へ還御する。

おなじ長崎の重要な年中行事の一つである盆の精霊流しなどもまったく市民祭といっていいものである。これは前年の盆から今年の盆までの間に死者のあった家で、りっぱな精霊船をつくり、その船にはたくさんの提灯をともし、夕方になると精霊船を送る家の近隣や知人の若者たちがこれをかついで町をねりあるいて、大波止から海へ送るのである。もとはその精霊船で海がうずまって船の航行も十分できなかったほどであるという。そこで今は団平船を岸壁に横づけしておいてその中に投げこみ、船一ぱいになると港外まで出て海中にすてる。一見すればまったく大きな無駄で、合理的なことばかりやかましくいわれる世の中に、なおこのような行事のおこなわれているのは、まったく市民の間に自然発生的におこったものであり、この大きく見える

長崎市のお盆「精霊流し」。各家で趣向をこらして立派な精霊船をつくる。

無駄をあえておこなっているのは、それが日を一つにし、目的を一つにして全市民が参加することによって、市民全体が共通感情の上にたつことができるからである。そしてこのような行事を持っている町には町としての個性がつよく感じられる。

第2章　町づくり

I　町の芽

◉山の中の町

五万分の一の地形図を見ているといろいろのことを教えられる。中国地方の山中や三河（愛知）地方の山中のように比較的高い山のない山中では村の家がかなりばらばらに散在しているが、大体一二キロくらいの間隔をおいて人家の密集した集落があり、多くはそこへ町の名がついている。たいていは谷間にあって大きい街道に沿っている。そこには昔から商人が住んでいて、周囲の農家はそこへ買物に出たりまた物を売りにいったりした。同時にまたそこに住む仲買人たちは農家でつくったものを買いあつめにもあるいたのである。それらの町と町との距離が一二キロ内外になっているのはおもしろい。昔はどこへいくにもほとんど徒歩であった。そして一時間の歩行距離は四キロである。一二キロのほぼ中間に住む人は、町までいくのに片道一時間半かかる。それを往復すれば三時間になる。買物などしてくれれば半日の仕事であり、用事が多ければ一日の行程になる。ちょうどそれくらいのところに人はささやかな交易場をつくったのであった。しかしこのささやかな交易場だけでは事足りないので嫁入支度をととのえるとか、りっぱな家財家具をととのえるとかいうようなときにはさらにその向うにある大きい町まで出かけていった。自分で出かけなければ向うからきたものであるが、そうした遠方交易には牛馬が利用されたものである。

小さな町の発達について一つの例をあげよう。天竜川の中流地方は山岳が重なりあって、もとは交通のもっとも不便なところであった。それにもかかわらずこの山中に点々として村のあったのは、戦いに敗れた者がおちてきて人目をしのんで暮しをたてようとしたことにあり、山の中腹の傾斜地に家などたてて焼畑耕作をおこない、ヒエ・アワ・ソバなどをつくって食料を自給し、コウゾ・チャ・タバコなどをつくってこれを売り、生活に必要なものを買って生きついできたのであった。

そうした天竜筋の静岡県側の一番奥の村を水窪《みさくぼ》といった。水窪は浜松から北へまっすぐに入って信濃に入る信州街道に沿っているために、古くから人の往来もつづいていた。この街道は静岡側からいえば信州街道だが、信濃側からは秋葉街道とよび、長野県側から秋葉山へまいる道であった。水窪はこの街道の宿場として商人も住み小さい町の態をなしていた。この水窪から青崩《あおくずれ》峠をこえて北へ下るとそこに和田という宿場集落がある。そして場があり、そこからさらに谷を一二キロほどいくと上町という宿場集落がある。そしてそこから道は二つに別れ、まっすぐに北へすすむと、小鹿峠をこえて大鹿の谷に出、さらに北に進めば諏訪湖のほとりに達する。日本の中央山脈を横断する道であるけれどもそれほど急峻な峠ではない。一方、上町でわかれて小川路という急峻な峠をこえると天竜川の流域に出て飯田に達する。

さて、水窪東北方の山中に住む人々がこれらの水窪・和田・上町・飯田などへどのようにつながっているかを見てゆくと、まず山中の村々でつくった作物のうちもっとも重いコンニャクイモはそれぞれ背負って川をわたり山をこえて水窪の町まで売りに出る。水窪の商人はこれを集めて天竜川のほとりまで持って出て、川船を利用して、下流の天竜市二俣へ送ったものであった。

ところがタバコやコウゾのように軽くて比較的金目のあがるものは長野県飯田の町から商人が牛をひいて買いにきたそうである。飯田から水窪奥へは、足の達者なもので一日の行程であったから、商人たちは民家へとめてもらってコウゾやタバコを買いあつめ、それを牛の背につけてかえっていった。道がほそく山坂がけわしいので馬は通りにくかったという。この山中のものも大事な買物は一日どまりで飯田まで出かけていったという。

さて、明治の中ごろからこの山中でも養蚕がさかんになってきた。そしてそのマユはやはり飯田から仲買人が買いにきたものだそうであるが、後には百姓たちが山越えに和田まで背負うて売りにいくようになった。和田は水窪へ出るよりは遠い上に大きな峠をこえなければならぬので困難が多いが水窪よりはマユの値がすこし高かった。それで苦労をしのびつつ山越えに売りにいったものだという。

◉商人の役目

こうしてこの山中の農民たちは重くてしかもたいして金額のあがらないコンニャクは水窪に売りに出、また身のまわりの雑用品などをそこから買ってき、目方も比較的軽く、金額も多くとれるマユはさらに遠い和田へ売りに出、売りに出るには市場が遠くて時間がかかりすぎまた苦労も多いような商品は、仲買人のくるのを待っていたのである。そしてこれら山村の人々の要求にこたえるような形で、山中の商人町はまた発達していったのであった。むろん、これは人力と牛馬の力にたよって商品流通のおこなわれていた時代の話で、今日では事情はずっとかわっている。が以上のようなことからもわかるように農民たちに必要な物資をみつぎ、また、その生産を取引きするためにどんな山中にもささやかな町は生れてきたのである。しかもその町には商人が常住していたわけだが、日ごろは人のほとんど住んでいないような町も中国地方の山中には見られた。これは牛市を中心にして発達したものである。中国山中には牛の飼育がさかんで、その取引きのための市がひらかれた。市のひらかれるところは道が四方から寄ってきているような場所で、そこが谷間にあることもあれば丘の上にあることもある。要するに空地がひろくて牛や人の集りやすい場所であった。そして市の日になると人々は牛をひいてぞろぞろとあつまってくる。するとそこへ小屋掛けして一膳飯屋や一杯飲屋もならぶ。こうして活気を呈するが、市が終ると急にさびれてしまう。このような牛市のひらかれるところをも町といっている。こうした町の特色は道幅のひろいことであり、またそこに住んでいる者がほとんど農業をいとなんでいない。最初、小屋掛けして商売していたものが、キチンとした家も建て、通りがかりの人を待ちもうけるようになると、市のない日でも人が足をとどめるようになって、三戸五戸と家がふえていく。これは農民の交易のための町よりはもっとささやかなものであるが、地方の小さな都会はこうしたことが最初の動機になって発達していったものであろう。

農民は多くの場合一カ所に定住して農耕にはげみ副業もおこなう。その農民が遠い市場までその生産したものを売りにいったり、また必要なものを買いに出ていたのではどうしてもそのために多くの労力をくって生産は上らないことになるので、交易や運搬はおのずから別の人があたることになる。これは山間その他辺鄙な土地ほどその傾向がつよくなるのだが、一概にそうともいえない。宮城県地方には「貧乏人が二〇軒あれば店屋が成りたつが、金持ちが二〇軒あったのでは店屋がつぶれる」という諺《ことわざ》がある。貧乏人の二〇軒は金に困っているときにはたいてい店屋から品物を借りてつかっておき、金のできたときに支払う。その方が少々高くついても便利なのである。だが金持ちは小さい店で物を借りることをしないで遠くの大きな店へ買いにいくのだそうである。地方の小さな町はこうした原理にもとづいて発生し発達していったものもあった。

◉賃貸し屋あれこれ

新潟県蒲原《かんばら》平野地方には貸鍬《くわ》の制度があった。鍬を買うことすら困難な小作百姓たちは鍛冶屋から鍬を借りてつかう。鍛冶屋は鍬一梃を米一升とか二升とかで貸し、秋になるとその米をあつめにいく。また鍬がいたんだものは、先をとりかえたものと交換する。こうして鍬を何百梃というほど持っていることによって鍛冶屋は水田を二町歩も三町歩も耕作しているほどの米を得た。

また山形県庄内《しょうない》地方には貸鍬のほかに、貸鎌《かま》や、貸鋤《すき》の制度もあったという。貧農にとってはそれによって搾取されることになるけれども一時に多くの現金を出さなくてもすむということで利用したのである。

これに似た制度は能登半島にも見られた。この海岸では明治末の塩の専売制の施行されるまで上げ浜による製塩がおこなわれていたが、製塩をおこなう者たちは、塩をたく釜を半島の東岸の七尾湾の中の中居《なかい》の釜師から借りていた。中居には中世の終りごろから鋳物師がすんでいた。そして鉄やら銅の鋳物をおこなったのだが、その中でも塩釜を鋳《い》ることが多く、それを沿岸の塩師たちに貸しつける。一石焚《だ》きの釜で一年間米一石の貸料をとったから、釜の二〇〇個も貸しているものは二〇〇石の米が入ったわけで、釜師たちは田もつくらないのに大きな米蔵をいくつも持っていたという。

ところがこの鋳物師たちは一種の資本家で、実際に釜を鋳る職人を大工といった。釜は主として冬に鋳る。夏は仕上りがよくない。そこで夏の間は東京へ出ていって左官として働いたものだそうである。そして秋になると戻ってきて釜師のところで、塩釜を鋳る。釜を鋳るためには土でまず鋳形をつくる。そしてその中へどろどろにとけた銑鉄を流しこんでつくるのだが、とけた銑鉄のあまることがある。そこで鍋釜の鋳形をこしらえておいてあまった銑鉄をそれに流しこむ。この鍋釜は大工のものになる。それを近在の百姓に貸しつける。釜一つを一年間米一斗で貸したという。これも一〇〇も貸せば一〇石になる。それで一年間食う米は得られ、東京でもうけてきた金でその他の生活の費用にあてる。

このようにして能登半島の七尾湾に面したところに、ささやかな職人町が誕生していた。

私のわずかな見聞の中にもこうして生産資材を貸すことを生業とする人々の例がいくつかあるわけだが、さらにこまかにしらべていけばそういう例はいたるところにあるのではないかと思う。一五年位前のことであったが、私は東京三河島《みかわしま》の貧民街のアパートに心臓をわるくして休んでいる七〇歳くらいの老人をたずねたことがある。老人は生活保護費だけで生活をたてていた。その合理的な生き方に驚嘆したのであるが、それと同時にこの老人がたどった経歴に、もっと心をうたれた。

この老人は、もとバスの運転士をしていた。そして腕ききであったから収入も多く、妻のほかに妾をおくほどの余裕もあったが、身体をわるくしてから急に凋落していった。はじめは中央線の沿線に住んでいたが、だんだん生活をおとしてゆき、妻にも死にわかれて三河島の一隅に住むようになった。それまでの間に、身体がわるくてもできる仕事として貸剃刀《かみそり》屋をはじめた。剃刀を民家へ貸しつけ、その剃刀がきれなくなったと思うころ、刃をたてたものを持っていってとりかえてくる。三〇〇梃も貸しておいて、別に二〇梃も持っていて、それを刃のまるくなったものととりかえ、刃のまるくなったものをといで、次の二〇軒の分ととりかえていくというようにすれば、一五日で一通りとりかえることになり、月二回のとりかえになる。こうして貸料をとる。借りている方は自分でとぐ必要がないので便利なものだから東京の市中にはこうした剃刀を借りるものがすくなくなかった。中流のサラリーマン家庭などに多いという。そのため安全剃刀の流行するまで貸剃刀屋というものは東京市中にはずいぶん多くいたそうである。

この老人は身体がわるくて寝込んでしまったために貸剃刀屋の権利を他人にゆずり、ついに剃刀とぎ屋になり下り、さらにそれもできなくなって生活保護をうけるのであるが、このアイデアは貸鍬制度などとまったくおなじであった。

このように典型的な貸付業でなくても、地方の農民が生産用具や生活必需品を商人から借り、そのためその商人のところへ生産物を持って行く制度はいたるところに見られ、商人の側からいえばおのずからその得意先がきまってくるとともに、そうした商人たちの住む町が周囲農村のセンターのような役割をはたすにいたったものが多い。つまり地方に住む農民たちにとっては一〇キロか一五キロに一つずつある町は単に物資の交換だけでなく、融資や立替の役目をはたしてくれるものとして大きな意味をもったのである。しかしそれが農民にとっていつも役に立つものではなく、実は農民自体の生活を苦しめることにもなっていった。

つまり、農民の世界にあっては交換経済の発達するまえに貸借の経済が大きく存在していたこと、それが農村の中へ農業以外の集落を発達させていく力になった。これがさらに不便な山中などにあっては、物資の交換や貸付をおこなう者が村の中にいて親方としての地位を持ってくるのが普通である。

ただ農村社会にあっては異質なものはできるだけ村の外におこうとしたことから、商人町が農村の外につくられていった。

2　商人町のおこり

◉乞食の世界

そのはじめ商業にたずさわった者には勢力を持った者が少なからずいたが、それとは別に食いつめた者や落伍した者たちが、世の一般的な秩序からのがれて、おなじような仲間だけで租税もおさめず、公役にもしたがわないで暮しをたてようとするふうが見られた。それらの者は多く村境や河原に住んだ。河原は税対象とならず、したがって夫役《ぶやく》や公事にかり出されることもない。こうして河原居住はすでに一〇世紀のころから見られはじめたようである。

河原ばかりでなく村境もこうした仲間の居住には適していた。大阪府の堺などもそのよい例である。ここは摂津・河内・和泉三国の境であった。そこへ南北朝のころから自然発生的に町が発達してくる。やはりその初めはあぶれ者の寄りあつまりがもとであったと思う。

兵庫県の西宮も武庫《むこ》郡と菟原《うはら》郡の境にできた町であった。

また中世に油の行商をおこなってその名をひろく知られた大山崎離宮八幡《おおやまざきりきゆうはちまん》の神人たちのいたところにしても山城（京都府）と摂津（大阪府）の境で、支配者の目をかすめるには都合のよいところであった。

淀川をへだてて大山崎の対岸に発達した橋本もやはり国境の町だったのである。そしてそこに住む者が勢力を持つようになるのは、寺社の信仰を背景にしていたからであった。

世の中の秩序に従いがたかった者、敗残者たちが従来からの居住地をすてて放浪すれば多くの場合乞食になり、また力ある者は盗賊になる。そのほか神社や寺院の勢力下に入って神人とか私度僧《しどそう》になり、村人の喜捨《きしや》をうけつつ放浪の旅をつづける。

これらの事情を具体的に絵でしめしてくれたのは『一遍上人絵伝』である。この絵巻は一遍の死後一〇年の正安元（一二九九）年にできあがったもので、一遍の行状を克明に描いている。したがって鎌倉時代中期の生活様式をつぶさに知ることができる。

この絵巻で気づくことは乞食の多いことである。人の集るようなところにはかならず乞食がいる。それも神社や寺院の境内・境外にいるものが多く、また市場にたむろしているものもある。いたって粗末な小屋をたて、そこに起居している。小屋は周囲に壁のあるものすらすくなく、地面に莚一枚しいているにすぎない。煮炊きするにも鍋一つあ

京都堀川のほとりに住む浮浪人、乞食である。粗末な小屋に、裸同然のすがたである。顔を白い布で覆ったハンセン病者も見える。(「一遍上人絵伝」)

戦乱の多かった室町時代、京都の町の人々は、このような頑丈な木戸を作って、自分たちの町を守った。(「洛中洛外図屏風」)

ればいい。着物も小袖や袖無しの着流しで、袴をはいたものは一人もいない。髪も結ったものはなく、すべて蓬髪《ほうはつ》である。髻《もとどり》をゆうことが良民であることのしるしになっていた。

乞食は税をとられることもなければ夫役をつとめることもない。だがそのために追いたてをくうこともしばしばであった。

このように乞食の多かったことは明治・大正まで見られた現象であった。応永二七(一四二〇)年、日本をおとずれた朝鮮人老松堂の『日本行録』によると兵庫から京都へいく途中「いたるところに神堂があり、また僧がいる。人はあそんでいる者が多く、田畑で働いているものがすくない。耕したり鑿《のみ》や槌の音をきくこともできるけれども飢えた人たちの食を乞う声の方がみちみちている」という詩をつくっており、その注に「日本人には飢人が多く、また残疾の者がいたるところに多い。道ばたにはその残疾人たちがあつまって坐っていて道行く人に食を乞うている」としるしている。異国の人の目にうつった日本の風景はこういうものであった。また良人の方もまともに働いている者はすくなかった。「良人の男女の半ばは僧になっている。いったい誰が公の仕事をするのであろうか。どこへいってもお経をよむ声がきこえる」ともいっている。

応永当時の日本といえば、かなり安定していたころである。それが瀬戸内海を通ってくるのにいたるところで海賊になやまされ、京都についてからも、四月二三日、その宿舎を賊におそわれている。幸いにして警固している者たちが追払ってことなきを得たのであるが、京都市中の治安もきわめて不安定なものであった。だから町の四角になったところには櫓門をもうけ、また町の諸所に木戸をつくって夜間はそこをとざして、夜盗の横行にもそなえた。老松堂が博多へついたときも、町の辻に門があるのできいてみると、夜な夜な賊が人を殺して物をとってもそれを捕えることができないので、門をつくって夜はその門をとざすことにした。また多くの男は刀を腰におびているとあり、そうした不安な世にあって身を守るためであったようだ。

貴族の一戸一戸が築泥《ついじ》や垣をめぐらした家に住まなければならなかったのもこのためであろうが、同時に町は無頼の徒や敗残者の寄り集るところで、一五世紀の初めころまでは市民的秩序がまだ十分に生れていなかったことがわかる。

そしてそれは男だけでなく女も同様で、女は食べていくために男の相手をしたのである。老松堂の目にはそれが日本の奇事としてうつっている。「この国では女の数が男の二倍にものぼっている。それらの女たちが道ばたに店を持っており、道ゆく人は女たちをひやかしながら通りすぎる。すると女たちが出てきて道をさえぎり袖をひいてとまって行けという。通行人が店に入ってお金を払うと女は白昼でも男と寝る。しかもそれは町場だけではない。村々でもみんなおなじで、いたるところに見られる」と言っている。老松堂の見たのは兵庫から京都までの間の情景であったが、人の往来のさかんなところには共通してこうしたことがおこなわれた。

◉落伍者の群

また乞食の多いのも人の往来がさかんであり、あるいは人の集ってくるようなところならばみな同様であったと思うことは、時代がずっと後になるが、ツンベルグの『日本紀行』に「江戸から京都へ行く間にたくさんの乞食を見た。彼らはたいてい足にけがをしている。恰好のわるかったり、あるいは不具な日本人はめったに見たことがないから、このことはすくなからず私をおどろかした」とあり、またシーボルトの『江戸参府紀行』にも「街道は往来が多く、われわれは乞食の多いのを見た。また六歳から一二歳くらいの女児・男児が旅行者をよろこばすために、あまり品のよくない鯱子《しゃっちょこ》立ちをしていた」とある。

このようなさまは外国からきた者の目にすぐつくほど、当時の日本の街道筋の一般的な風景であった。こうした流離の民ともいうべきものが、ふるさとの土からはなれて街道筋や人の集るところにはき出され、そこで塵芥のようにたまり、また消えていったのであるが、やや力ある者は家を建てて定住し、旅人に奉仕したり、小店など営みつつ生計をたてたのである。

しかもそこが船着場であったり、宿場に適したようなところでは、しだいに町としての発達をみたのである。橋本にしても、堺にしても、西宮にしても、そうした条件をもっていたところである。もとよりそうした人たちだけで町はできるものではなく、それらの人を支配し統制し、ばらばらの民衆をまとめて大きな生産力にしていくことによっ

京都市郊外の農家。立派な塀垣と門の中に、いく棟もの家がある。なかなかの豪農であろう。（「洛中洛外図屏風」旧三条家蔵）

て、はじめて町としての機能が発揮せられる。

　そこでもう一度、中世の絵巻物をひらいてみると、一般の農家は一棟一棟が別々になっており、周囲に間垣や生垣をめぐらし、また小さい堀をめぐらしたものもあって、今日の農家とたいしてかわっていない構えをすでに持っているのであるが、町家の多くはいたって粗末であり、京都付近の町家の場合はたいてい棟割長屋になっている。そして片側住居が多い。つまり一方に座がつき、一方が土間になっているものである。貴族や武士の家に比してたいへん粗末であり、中には掘立家も見かける。そこに住む人たちがどんなに貧しく、またその初めに仮住いのつもりでおちついたかを知ることができる。そして流離・漂泊の民はそういうところへまた足をとどめやすかったのである。

それが街道筋で大きく発達して町となっていった場合には、これを特殊視するものはなくなる。しかしすでに町になっているところへさらにつけ足したような形で住みついたり、あるいは街道や船着場でないところに流離の民がおちつき、小さい村をつくったときには、その村はなかなか大きくならない。そして旅行者などへの奉仕というよりも、周囲の農村や農家への奉仕によって生活をたてるようになる。そしてそのことによって蔑視されるにいたったものもすくなくないようである。私はかつて大阪府の和泉・河内地方の未解放部落を見てあるいたことがある。その中には死人の処理をしたり、死牛馬の始末をし、その皮をはいだりすることを職にする者の村もあったが、中には初めからそういうことを職にしたのではなく、落人の家来たちが住みついて主家に奉仕しただけでなく、周囲の農家の日雇などをしつつ、それだけでは生活がたたなくて、死牛馬の処理などもしたことから特殊視されるようになったという村もあった。しかも、そうした村はまた落伍者たちを受け入れる性格も持っていて、しだいにそういうものがあつまってきて集落が大きくなっていっ

猿まわし（「融通念仏縁起絵巻」）

た。最初から特殊職業にたずさわった者が集落をなして住んだ場合は、それは一村として成立したものであるというが、そうではなくて自然発生的に村境などにふくれあがった集落はたいてい親村を持っていた。そして村境にあるということで取締りも困難だったから落伍者や罪をおかした者のかくれ住むには適していて、それが部落を大きくさせていき、また特殊視されていくようになったものがいくつかあることをたしかめた。つまり町としての機能を十分に持つことができなかったために背負わされた不幸だったのである。

◉落伍者が商人になった

が、そういう村は身分の低い職業人たちには実に気楽なたまり場になった。宿をとるにしても宿銭もやすく、また気兼ねもいらなかった。身分の低い職業人といえばたいてい門付けをしてあるいた仲間である。中世であれば田楽・猿楽・呪師・白拍子・獅子舞・猿ひきなどの芸能にたずさわったものをはじめ、桂女・材木売り・竹売り・箕づくり・薬売りなどの物売り、こも僧・高野聖・かね打ち・巡礼など宗教関係の者も、それが門付けをしてあるくということによってすべて賤民と見られたのである。そうした人たちが気軽にあつまり、また気軽に宿泊もできるところは、村の中ならば木賃宿であり、それ以外ではそういう人たちを受け入れてくれる村であった。そしてそれが特殊視されてきたのである。

賤民についての歴史は今日実によく研究されてきている。それらの研究資料によってみても、出自がどうであろうと、以前に何をしていようと、現在たずさわっている職業が門付けをするものであれば賤民視されたのである。中世には販女《ひさぎめ》といって女が行商してあるくことが多かったが、そのほとんどが賤民視されている。だから中世末まではキリシタンのパードレ（神父）の目にも「商人はたいへん富んでいてもこれをあなどりいやしめ、武士は貧乏であっても尊敬せられた」さまがうつっている。近世初期に人々の身分が士農工商の四階級にわけられ、商がもっとも下におかれたのも中世以来の事情にもとづくものであろうが、その商が門付け・行商から座商になり、店を持ち、倉をもち、問屋を経営するようになり、またそうした商人の集り住む町になってくると、そこを蔑視することはなくなったのである。このことについては後でもうすこしくわしくふれよう。

宿場町とまではいかなくても農村の農産物や生活必需品の交易の場として発達したささやかな町も、その発達の過程の中にはほぼおなじような事情が見られる。そこが農業地域の中心になっていったばかりでなく、街道ぞいにあるということによって商人や職人もあつまりやすかった。

3 都城づくり

◉都は物のあつまるところ

町はこうして農村の秩序の外にあふれ出たものの集合によって発達していったばかり

でなく、政治的な都市の場合には地方の人をよびよせてつくったものでもあった。

奈良・京都・大阪をはじめ、各地の城下町も政治の力によって意識的につくられたものである。そうした中で、最初にもっとも計画的に大規模につくられたのが天智天皇の近江京であっただろうが、この首都がどんな方法でつくられたか明らかでない。持統天皇の藤原京も、遺構についての調査研究はすすめられてきているが、いかなる人々によってつくられ、またどんな人たちがどんな形式で住んだかも明らかでない。

藤原京についで平城京が和銅三（七一〇）年につくられる。その遺構は現在発掘がつづけられていて漸次明らかになりつつある。

この都城は唐制にならってつくられ、一里（五町）四方を一坊とし、九条八坊から成る広大なもので、奈良平野の郡山《こおりやま》から北の部分をしめており、現在の奈良市街地のすくなくも五倍をしめる広さを持っていた。この土木事業に要した労力もたいへんなものであったと思われるが、それらの労力のほとんどは全国から徴発されたものであったろう。このころは律令国家として中央政府の統制力もつよく、地方からの貢租も忠実に運ばれていたようで、平城宮址発掘の出土品の中から、それを物語る資料がいくつも出ている。

たとえば昭和三五年一一月から三六年二月にわたっておこなわれた第五次発掘調査によって宮内省大膳職《だいぜんしき》と大炊寮《おおいりよう》所属の建物と推定せられるものが明らかになり、そこから多くの木簡が出土した。この木簡は、包装された荷物にくくりつけられたもの、あるいはそれに挿したもの、給与として役人たちに渡した品物の伝票と思われるものなどである。そのうち輸送された荷につけられたと推定される木簡には紀伊国日高《ひだか》郡財部《たからべ》郷《ごう》・甲斐国山梨郡・肥前国・豊前国・山背《やましろ》国などからきたものがあり、それは天平宝字六（七六二）年から七年へわたってのものであった。そして送られてきたものは菜端・塩・胡桃・小豆・酢・未醤・海藻などであった。

これらは偶然出土したものであるが、このような物品の貢納は全国から送られていたに違いない。しかもこれらの物品はそれぞれの地方から人夫によって運ばれてきたのであるが、これら人夫は都城へくるまでと、郷国へかえるまでの食物も持参しなければならなかった。今日のように金銭さえ出せばどこでも必要なものが入手されるというようなものではなかった。したがって貢租のために上京したかえりに食糧がつきてしまって飢死したという例さえみられた。

◉都の人あつめ

まして都城づくりのために呼び出された者も、そのまま都城付近にとどまらざるをえないものも多数あったのではないかと推定される。これは単なる推定にすぎないのだが、そういう人たちの止住するようになったものか、あるいは宿舎にあてられたためか、大和盆地の中には国名を付した集落をすくなからず見いだす。美濃庄・丹後庄・伊豆・上総・丹波市・稲葉・但馬・石見・三河・備前・筑紫・武蔵・豊前・大隅・吉備・土佐などがこれで、もとはこうした地名がもっと多かったかもわからない。これらの地名がいつごろつけられたか明らかになれば、おのずから、その開村の事情も明らかになるであろうが、こうした集落は土佐をのぞいては一般に戸数もすくなく小さいのを特色とする。いずれにしても、都城づくりのために全国の百姓たちが動員されたことは想像にかたくない。

同時に地方の住民の都城への移住も強制的になされたものであろう。正倉院文書の天平二一（七四九）年四月「写経所解《げ》」によると、写経生三一名の出身地は京師出身の九名をのぞいて、山背（京都府）四、大和（奈良県）一、河内（大阪府）二、摂津（大阪・兵庫）一、近江（滋賀県）二、伊勢（三重県）一、尾張（愛知県）三、美濃（岐阜県）二、信濃（長野県）一、上総（千葉県）一、下総（千葉県）一、常陸（茨城県）一、紀伊（和歌山県）一、伊予（愛媛県）一となっていて、それぞれ何らかの事情で京師に住みついたものであろう。しかも京師の人口はすくなくも数万にのぼっていたものと思われ、それらの多くが地方出身者であったと仮定するならば一種の強制移住が考えられる。事実、当時中国大陸で都城をつくるときにはそうした方法がとられていたのである。

平安京になると、それらの事情はずっと明らかになってくる。都城の規模は平城京と相似たものであり、この都城を充実させるために地方から多くの豪族をよびよせて居住せしめた。そればかりでなく、地方の百姓も京師に住みたがった。そこでは租税もひくく、夫役もすくなかったからで、地方の百姓たちは相ついで京師へのぼってきた。そこで政府は寛平三（八九一）年にその禁令を発している。ところが一方では京師をすてて地方へ下る都人士もあった。これはまた別の事情によるもので、地方官吏として下っていった公家の一族がそのまま地方に住みついて勢力を張っていく場合があり、それがしだいに政治の障害になっていったからである。だがそういう禁令にはたいして威力はなかった。

中央集権の実をあげ、中央の勢力を強からしめるためには地方豪族を京師に移住させるのも一つの方法であり、それが一方で実行されつつ、他方ではその逆の現象もおこったわけだが、地方在住の豪族が京師に移ったものを六国史の中からひろってみただけでも、

大和（奈良）	一一八	丹波（京都 兵庫）	二	因幡（鳥取）	五
山城（京都）	一四	播磨（兵庫）	三	紀伊（和歌山）	一八
河内（大阪）	五〇	備前（岡山）	一	讃岐（香川）	三五
和泉（大阪）	八	備中（岡山）	一	伊予（愛媛）	三
摂津（大阪 兵庫）	三七	安芸（広島）	一	肥前（佐賀 長崎）	二
肥後（熊本）	六	美濃（岐阜）	四	加賀（石川）	一
近江（滋賀）	三三	尾張（愛知）	一	上野（群馬）	一
若狭（福井）	二	越前（福井）	五	陸奥（青森・岩手・宮城）	一

となっている。大和がもっとも多く、河内・摂津・近江・讃岐などがこれにつぎ、京師から遠ざかるにしたがってすくなくなっている。その身分からみても従五位以下のものであり、地方におれば権勢をほこることができるが、中央に住めば下級官史であるにす

平安時代、京都の町屋。(「年中行事絵巻」)

ぎない。

が、こうした人々を都に移住せしめることによって、一時は中央集権の実をあげるとともに、都城としての強大な権力をほこったであろう。

さてこれらの豪族が都城に住みついたとしても別に商業をいとなむわけではないし、それ以外の職業にたずさわったと思えないから、京都に移ってからも農業に従事する者がすくなくなかったと思う。そして都城の警固などにあたったものであろう。

◉河原者

これらの家と宮廷の高級官吏やその下部のほかに店屋が朱雀大路を中心にして東西両方に発達してくる。これは座商の家で、そうした家によって町並もできるようになった。また職人の居住する地区もできたであろうし、社寺の門前には社寺に隷属する下部《しもべ》の町もできたはずである。京都祇園の犬神人などはそれで、神人といえば身分も平民よりは高いように思われるが、実は罪をおかして牢獄につながれたのち放免されて、この社の下働きとなり、社の雑役に奉仕したもので、一般平民よりは一段低くみられたのである。

さらに世の敗残者として村はずれ、河原などに住んだ者もある。いわゆる河原者がそれであるが、河原に住んでいる者も職業を持っていて、なかにも芸能にたずさわる者が多かったが、造園などおこなういわゆる庭師もこの仲間に多かったといわれる。名高い銀閣寺の庭なども善阿弥・次郎三郎・又四郎という親子三代の河原者が築いたのである。そのほか有名な寺院や公家の庭も河原者の庭師によって築かれたものが多いのである。

皮細工なども、そのはじめは河原者によっておこなわれたようである。

そこで京都で河原といえばすぐ加茂の河原を思いだすのであるが、加茂の四条河原ばかりでなく、芸能人に関係の深かったのは四宮河原であったようだ。四宮河原は琵琶法師の始祖蟬丸《せみまる》のいたところとされている。『今昔物語』では蟬丸のいたのは逢坂《おうさか》山ということになっているが、『東関紀行』には蟬丸は醍醐天皇の第四皇子だったので、その住んだところを四宮河原といったとある。四宮河原は逢坂山の西麓にあり、蟬丸が住む以前からその名があり、山科《やましな》郷の一部であった。そしてここには仁明天皇の第四皇子人康親王が住み、この皇子もめくらであったので、盲人たちをあわれみ、いろいろの音楽を演じさせた。盲人たちはその恩徳に感じて、年に一度ずつ四宮河原にあつまって河原の石を積んで塔をつくり、般若心経を読んで親王をまつるのを大事な行事としていた。多分はこの河原も世の敗残者——とくに盲法師たちの集り住むところであったのだろう。そしてこの四宮もシクを漢字にあてたもので、シクは夙とも書いており、夙の者といえば特殊民をさしているが、もともとは村はずれをさす地名だったのである。そうしてそういうところに住む者はまたおなじような条件のところへ移動していった。四宮河原に住んでいた者たちも、こうして京都加茂川の四条河原へ移動していったのではないかと思われる。

4　城下町づくり

◉武士の好む町

日本のように農村を主体として発達した国では都市をつくる場合には、どうしても農村から人あつめをしなければならないのは当然のことであった。それは、ひとり平城京や平安京の場合ばかりでなく、あらゆる時代、あらゆる場合に見られたのである。

ただ武家政治がはじまって以来、武家によってつくられた町はいずれも規模の小さいものであり、またその場所が狭い谷間のようなところが多かった。鎌倉がそのよい例であった。源頼朝がみずからえらんで居館をもうけ、天下の武士に号令したこの町は今日われわれの目からみても決してスケールの大きいものではない。一方が海に向ってひらけ、一つのややひろい谷と小さな枝谷をもったところで、この谷に入るためには丘や細い谷を通らなければならなかった。つまり外敵の侵入を防ぐのに適していたところで、それ以外に目的があってこの地がえらばれたとは思えない。この時代には築城技術もそれほど発達してはいなかった。そこで一定の人数が住むことができて、しかもその人た

慶長２年ころ描かれたと思われる越後（新潟県）村上城。険岨な山上に城が築かれ、初期の城と城下町の形がはっきりと出ている。（「瀬波郡絵図」上杉家蔵）

ちの生活が一応安全であるためには周囲を山にかこまれた谷底のようなところがよかったのであろう。

そこで関東武士のおちついたところについてしらべてみると、いずれも相似たようなところに居館をかまえている。たとえば中国地方における例を見ると、小早川《こばやかわ》氏は安芸国（広島県）沼田本庄におちついたのだが、そこは三原市から西に入った椋梨川流域の谷間であり、吉川《きっかわ》氏のおちついた大朝庄は広島県と島根県の境にある盆地である。毛利氏の安芸吉田でも、首藤《すどう》山内氏の高野でも、吉見《よしみ》氏の石見（島根県）津和野でも、尼子《あまこ》氏の出雲（島根県）富田でも、みな共通した地形のところで、どうしてこんなところに居館をもうけたのだろうかと疑いたくなるのである。そしてそれは中国地方だけでなく全国各地の共通した現象であり、そういうところに町らしい町の生れる要素はなかった。鎌倉武士とは関係のない周防の大内氏すら、山口のようなところに移り住んでいる。大内氏は朝鮮からやってきた琳聖太子の子孫といわれ、三田尻に近い多々良浜におちついた。多分タタラという言葉のしめすように銅鉄の精錬にしたがっていた家であっただろうが、後に周防（山口県）国府の役人となり、その身分もあがっていって介《すけ》になった。介の上が守《かみ》である。守はもとそれぞれ国府まで下ってきて政治をおこなったのであるが、鎌倉時代に入ると国司になっても、その国に下っていくことはすくなく、そのまま京都にいて、任国の行政は在庁官人がおこなうことになった。在庁官人――すなわち国府にいる役人のうちで最高のものが介である。周防の場合は大内氏が周防介になった。実質上の国司のようなものである。その大内氏が武士化するにつれて山間の山口へ移ったのである。

山口は後に町として大きく発展してくるが武士の住んだところが町として成長してきた例は一三世紀から一五世紀へかけてはきわめてまれであり、かなり強大な勢力を持っている武士でも武士の住むところが田舎そのままであった場合が多い。仮に町らしいところがあるとすれば、それは別の事情によって発達したものである。山口が発展したのも武家の権力外のところで発達したといってよかった。中世の町も朝鮮貿易や中国貿易の結果である。むしろ武士は要害の地に住んでいて領内に町場が発達すればそこから地子銭をとったり、また関所をもうけて関銭をとったのである。つまり町をつくったり商業を発達させるような役割はほとんどはたさなかった。

◉江戸の町

近世に入って武士によってつくられた町はたいへん計画的であった。ドン・ロドリゴが見た近世初期における江戸のさまは、そのことを伝えている。

「江戸市は人口一五万、海水はその岸をうち、市の中央を水の豊富な川が流れ、かなり大きな船でも、川をさかのぼることができる。しかし水深が浅いので帆船は入ることができない。この川はいくつかに分れて流れ、人は川を輸送に利用し、食料のほとんどは川によってはこばれているから米の値は運賃がそれほどかからないため安く、男一人一日に半レアルあれば食料は足りる。パンは果物とおなじく常食以外にたべるだけにすぎないが、この町でつくっているパンは世界中でもっとも良質なものだといっても言いすぎではない。しかもこれを買う者がほとんどいないので、ただにひとしい。

この町およびこの町の道には見るべきものが多い。街路は優劣なく、皆一様に幅がひろく、また長くまっすぐであることスペインの市街にまさっている。家は木造で二階建もある。そして外観はスペインの家屋の方がすぐれているけれども、内部の美しさは日本の方がはるかにまさっている。また街路は清潔で、だれも通ったものがないのではな

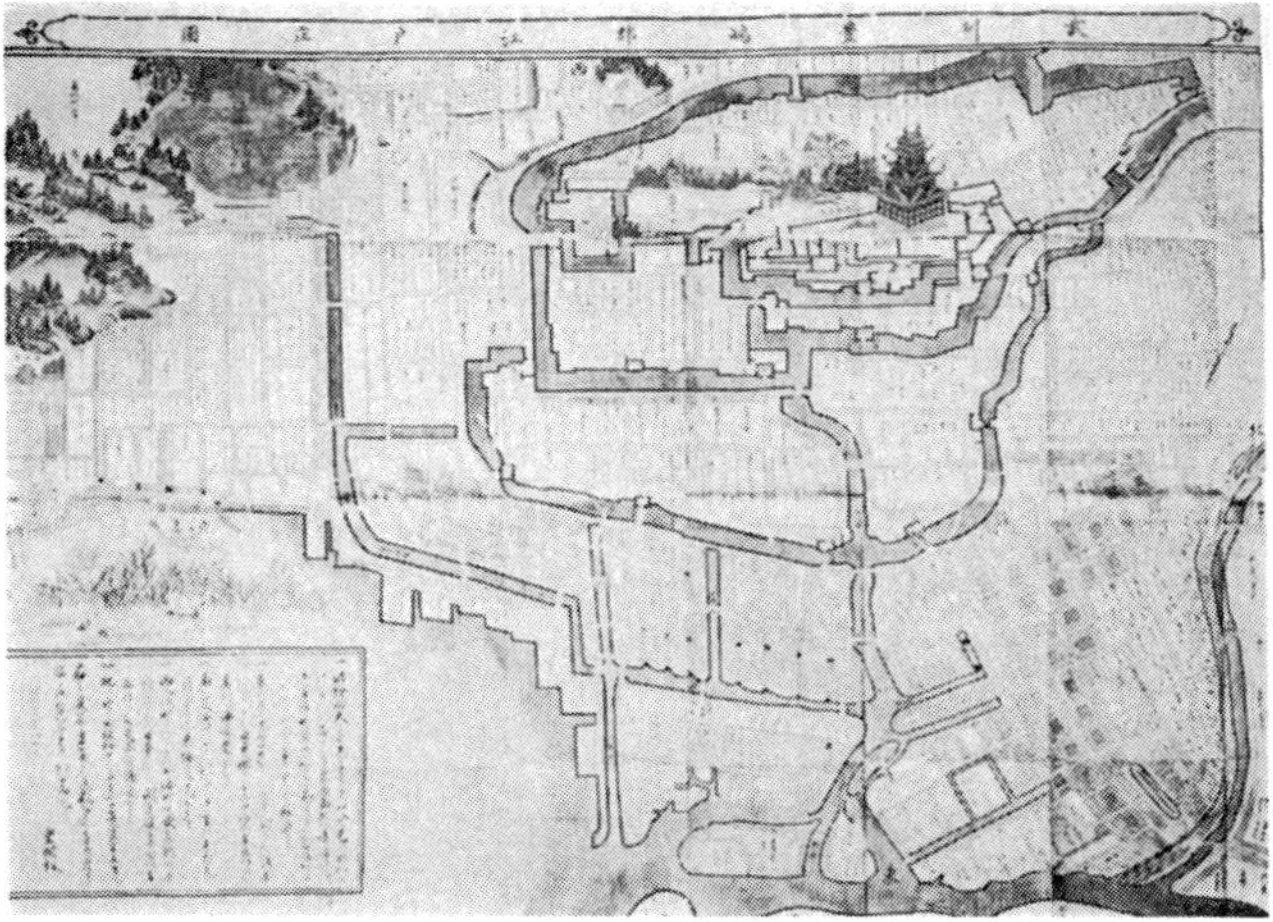

慶長年間の江戸城下町の絵図

いかと思われるほどである。また市街の所々には、木戸があって町を区画している。そして区画ごとに居住者の職業がちがっている。一つの町には大工が住み、他職の者は一人も住んでいない。他の町には履物をつくる者が住んでいる。また鉄工の町があり、縫工の町があり、商家があり、それぞれ同一の職業の者が一区画の町に住んでいる。このようなことはヨーロッパの町では想像もできないところである。町を見てあるいていると、ヨーロッパ人には見なれない仕事をしているものもあり、商家でもわれわれには得体の知れぬものを売っているのがある。

銀商は一区画を専有し、金商・絹商もみな同様で他商と同居する例は見かけない。またウズラ・カリ・カモ・ツル・アヒルなどの鳥類だけ売っている市場があり、獣肉はまた別の町で売っており、ウサギ・イノシシ・シカなどいろいろのものがある。また魚市場という一区画がある。そこへいくと鮮魚もあれば干魚・塩魚もある。また大きな桶の中に水を一ぱい入れて、そこに魚を生かして売っている。買う人ののぞみにまかせて売るのである。魚を売る者は特に多くそのため街路まで出てきて売っており、時には買う方の求めに応じて廉売することもある。青物や果物もそれぞれ売る町がある。いずれも品物は豊富、品種もいろいろあって清潔に陳列されているので買う人の気持をそそる。

また旅館のみならんでいる町がある。旅籠《はたご》町といっている。馬を売ったり貸したりする者のみ住む町がある。馬喰町といっている。日本では八キロ行くごとに馬をかえる習慣があるので馬の数はたいへん多い。そこで旅人が到着したとき、その馬の歩調のよしあしをみてよいのをえらぶべきで、選択にまようほどである。

売春をおこなう女たちの住む町は、町はずれにある。

貴族や領主は他の住民と異なる地区に住んでおり、彼らと同格でない者はその町に住むことができない。彼らの家は門の上部に紋章をかき、金をぬってその家がどういう家でどういう身分のものであるかをあらわしている。

各町には入口・出口に門があり、夜に入ると門をとざし、昼夜ともに番兵がついている。だから罪をおかした者があればただちにこれを知らせ、門をとじて犯人をとらえ

むかしの面影をとどめている武家屋敷町。長野県長野市松代町。

る。」

江戸の町がいかに計画的にまた厳重なシステムによってつくられていたかを知ることができるとともに、都市居住の自由というものは開市当時にはほとんど見られなかったということがわかる。しかもこのシステムはひとり江戸の町だけでなく、全国の諸市にもおこなわれた。

◉城下町の住民

城丁町もある意味では都城づくりとおなじようにおこなわれた。秀吉によって町づくりされた大坂にまずそれが見られる。伏見町は伏見から、堺筋は堺からそれぞれ商人を呼びよせてつくっている。その他豊後町・備後町のように国名のついているところもそれぞれの国から呼びよせられた人が多かったのであろう。

　こうした町づくりについてもう少しのべてみると、まず城を中心にしてその周囲に侍屋敷をおく。城主の一族の者や身分の高い者には城中に屋敷を与えている場合が多い。城の外にも有力な家臣を配置する。たいていは譜代の臣であり、旗本であったものだ。外様とか国衆とかいわれる中途から家臣になったものはその外側におかれた。この人たちはもともと藩主と行動をともにしたものではなく、地方に住んでいて、時には藩主と敵対関係にあった者もある。それらの人も城下に移住を命ぜられる。そしてその領土は召しあげられ、かわって知行米が与えられるようになり、領民との手をきってしまったものが多い。これには外様の家臣も不平を持って反抗したものもあったが、結局大勢には抗しきれないで滅亡しているか、しぶしぶ藩主の命にしたがっている。領民との有機的な関係がたちきられていくのであるから、城下への引越しはたいへんな苦痛であったと思われる。こうしてまず武家町ができあがる。その外側へ商人町がつくられるが、これは初めのうちはまったく付属的なものであった。江戸のように商業の発達したところとみられる町でも、明治二年の調査には面積にして武家屋敷が六八・六パーセント、寺社地が一五・六パーセント、商人町が一五・八パーセントであったという。

　商人町もその領主の移動につきしたがって移動をみたものがすくなくない。会津《あいづ》の日野町は蒲生氏が会津へ転封されたときつれて行かれたものだし、姫路の吉田町は最初の藩主の池田氏が三河（愛知県）吉田（豊橋）の出身であったために吉田の住民をまねき寄せたのにはじまるという。そして大きい町づくりをしようとすればするほど方々から人を招かねばならなかったわけで、大坂・江戸・名古屋など前住地を名のった町名が多数見うけられるのである。

それらとは別にかつて国衆として地方の小領主であったものが新藩主の支配下におかれて帰農した中から、町人として取立て城下町に居住させた例がすくなくない。毛利氏によってつくられた広島城下町の有力な町人の大半はもと国衆であった。

こうしてそれこそ忽然といってよいほど城下町は短時日の間にその骨格がつくられていった。そしてその後、しだいに周囲から人があつまってくるようになる。

◉商人の出身地

いま文政一〇（一八二七）年ころ書かれた「町方書上」によって江戸の旧家の出身地をあげてみると、

陸前（宮城）	一	遠江（静岡）	三	丹波（京都 兵庫）	一
常陸（茨城）	一	三河（愛知）	七	摂津（大阪 兵庫）	五
下野（栃木）	一	尾張（愛知）	四	河内（大阪）	三
上野（群馬）	一	美濃（岐阜）	二	和泉（大阪）	二
上総（千葉）	二	加賀（石川）	二	伯耆（鳥取）	一
下総（千葉）	一	越前（福井）	一	出雲（島根）	一
武蔵（東京）	八	近江（滋賀）	一三	周防（山口）	一

相模（神奈川）	四	伊勢（三重）	一〇	長門（山口）	一
信濃（長野）	二	紀伊（和歌山）	五	肥前（佐賀長崎）	二
甲斐（山梨）	一	大和（奈良）	二		
駿河（静岡）	一	山城（京都）	一〇		

となっていて、これは旧家とよばれるものの半ばに達しており、他の旧家はもとから江戸に住んでいたか、または出身地不明のものである。すると江戸の町家のうち、旧家の半分は江戸開府以来他地方から入りこんできたものであり、それも江戸を中心にして、江戸から北のものはいたってすくなく、大半は西の方であり、東海道筋から近畿地方のものが多い。そして中には武士であったものもあるが、まったく商業をいとなむために江戸に出てきて、いろいろの変遷をへて家持ちになった者が多い。家持ちになれば家を貸しつけてその家賃で生活がたてられたのである。

　これらの家は近世初期以来継続してきた家であって、それまでの間の盛衰興亡ははなはだしいものがあったであろう。

　またこれら旧家のなかには芝車町の牛持ちの家四軒のように幕府の命令によって京都から移住したものもある。関東にはもと牛車はなかった。そこで幕府は京都から牛持ちをよびよせて、牛車による荷物運搬をはじめるのである。

　さて地方から江戸へ移住した者のうち、伊勢（三重県）、近江（滋賀県）からきた者の中には郷里にもなお家をのこしており、江戸の方を江戸店とよび、両者を往来して商業をいとなんでいるものもすくなくなかった。両頭の蛇のようなものであり、また大名の参観交代にも似ていた。

そうした家でこの書上に見えているものもあり、また見えていないものもある。藍商《あい》三木家のごときは江戸にも大坂にも店がありつつ、その本拠は阿波（徳島県）で、三カ所にわたって事業をおこなっていた。

かくて城下町はその初め、武士によって計画的に町づくりがなされたのであるが、地方から入りこむものがふえてきて秩序が厳重にまもれなくなり、そのため出てきたものを人返しといってその出身地へ送りかえしたり、また無宿者を佐渡の金山へ送って金掘りをさせたこともある。そのほか市内の浮浪者を郊外に送り出し、そこを開墾させて定住せしめた例もある。武蔵野市の連雀《れんじゃく》はそのよい例で、もと神田連雀町に住んでいた荷物運搬人夫たちを入植定住させた。

そのようにしても江戸の人口はぐんぐんふえていって幕末のころには一五〇万にのぼっていたといわれる。これらの人口は都市自体の住民の自然増加でなかったことはいうまでもない。つまり厳重厳格な計画のもとにたてられた都市計画であったが、それがしだいにくずれていったのである。

普通、町人といわれるものはその町に家屋敷をもっているか、ちゃんとしたのれんをもって表通りに一戸をかまえているものであって裏町の借家人は町人とは考えていなかったから、町の中にもぐりこんで生活することは比較的容易であった。彼らは多くは田舎の寺の宗門手形を持っており、田舎に帰るべき家があるとされており、そういう宗門手形を持たない者が無宿人であった。

5 宿場町

◉荷物輸送

近世に入って、全国的に発達していったのは交通関係の町であった。世の中がおちついてくるにつれて人の往来も多くなり、またその旅人たちを相手にした旅宿や飲食店も発達してくる。そのほか旅人のための荷持ちや一般の荷物輸送もさかんになってそうした労務にしたがう人もふえてくる。しかも大きな町の周辺ほどそうした人が多くなってくる。大きい町ほどそこに集る人や物資が多くなってくるからである。

とくに江戸に幕府がおかれて諸国の大名たちはその妻子を江戸に住まわせ、自分は一年交代で江戸と国許で暮さなければならなくなると、その往復のための道中には多くの従者をつれなければならず、それらの宿泊設備は大規模なもので、計画的につくらねばならなかった。東海道五十三次《つぎ》や、中仙道六十九次の宿場はそうしてつくられたものであり、宿場には大名の泊り宿としての本陣がもうけられた。そして本陣だけで事足りないときは脇本陣もおかれたのである。宿場にはまた馬や人足も用意しておき、次の宿までの荷の継ぎ立てもした。東海道のように近代交通の発達をみて、バス・トラックの往来のはげしくなったところでは、道をひろげるために古い家を改築したりこわしたりして昔のおもかげをとどめているところはいたってすくないが、中仙道になるとまだ宿場町らしい名残りをとどめた町がすくなくない。とくに木曾路にそれが見られる。

さらに僻陬の地へゆけば昔のおもかげをとどめた町は多いが、そこは多くの場合、新しい交通機関から見放されて取りのこされたところである。

島崎藤村の小説『夜明け前』には木曾馬籠《まごめ》宿のさまがこまごまと書かれていて、宿場がどういうものであったかを知ることができる。そして街道筋の宿場はいずれも相似た様式と規模をもっていた。

そうした宿場町が東海道には五三、中仙道には六九もあったわけである。そして馬籠のように峠の上にある宿場でさえ一六〇軒の家があったのだから、すこし大きい宿場になると、町としての様相をそなえていた。また町を構成する役人も、農村のように庄屋・組頭という名目ではなく、本陣・問屋・年寄・伝馬役・定歩行役・水役・七里役などがあったと『夜明け前』にはのべられている。村の自治のための役目というよりは往来する者のための役目が多く、しかも大名をとめる本陣が宿駅のうちでは一番勢力を持っていた。

こうして宿場は一般村方地方とは区別されて宿方とよび、その事務を往還御用《おうかんごよう》といったという。もともとこうした宿場は民衆の交通機関として生れたのではなく、幕府政治の体制を維持していくために幕府や武家・公家など特権階級の旅行の便をはかって生れたものであるから、そこに住むものは伝馬・人足などの提供は義務づけられており、任意的なものではなかった。そして大名通行のおりなど時に何百人というほどの通行であるから荷駄だけでもたいへんな量になり、宿場常置の人馬では間にあわず、近郷の百姓を徴発して運輸交通の任務をはたした。これを助郷《すけごう》といった。

元来、運輸交通の事業は営業としては有利なものであった。しかしそれが幕府や領主から統制され義務づけられている場合には、これにたずさわるものにとっては大きな負担となることさえあった。

◉旅人と荷つぎ

さて宿場町は街道にそって家がたちならび細く長くつづいているのが特色で、裏通りをもっていないことが多かった。そしてそこにならんでいる家は百姓と職人と宿屋から成っていた。百姓は日ごろは農業をいとなんでいるが、大名・公家など通行のとき歩行役や馬役をつとめるものである。と同時に宿役も負担していた。そして大名の家来などを宿泊させたのである。

こうした民家とは別に旅籠屋といわれる一般の旅人の宿泊する宿もあり、この宿には下女一人、飯盛女《めしもりおんな》二人をおいた。飯盛女は食事の給仕をするのがその役割であったけれどもほとんどは売春をおこなっていた。そのほか通行人を相手にしたいろいろの職人が住んでいた。

宿場はその初め農民を主体にしてつくられたものであるが、農民以外のものが多く入りこんで居住するようになったのは通行する旅人が多く、その人たちを相手に生活をた

昭和6年ころの小諸。中仙道の宿場町の面影が完全に残っている。

てることができたからで、ちょうど都会へ人が流れていったように、街道筋へ人が流れていって荷物運搬や通信などの仕事にしたがい、また、宿場では飲酒・賭博・売春などもおこなわれたので、そうしたことのために集る者も多かった。

参観交代のために発達した宿場のほかに、人馬の往来のさかんなところ、輸送すべき荷物の多いところにも宿場は発達した。この方には本陣もなかったし、また荷つぎ問屋のないこともあった。長野県の伊那地方と、愛知県三河地方との間には山岳が重畳して交通が不便であったが、海岸からは魚塩を、山中からは生糸・煙草・茶・麻・木地などを海岸地方へ送り出さねばならないために駄馬による輸送がさかんにおこなわれた。その初めは自分たちのつくった農産物を牛馬につけて運んだのであろうが、後には商品をつけて運搬することを職業とする馬子《まご》もふえてきたのである。この方は街道筋に見られるような宿場から宿場までの間を継ぎ立てしていく輸送形式とはちがっていて、荷をつけた馬は目的地まで通していくのが普通であった。

また街道では一人一馬になっていて、東海道は一宿場一〇〇人一〇〇馬であり、中仙道は五〇人五〇馬の制であったといわれるが、こうした脇往還の牛馬（中馬とよばれた）は一人で三頭五頭を追っていた。そのため宿場の宿は人をとめるよりも馬をとめる場所の方がひろく、普通には馬宿とよばれた。そして宿場は馬宿を中心にして発達し、村人のほとんどは馬子を渡世としたのである。こうした脇往還の宿は通行人の数も多くなかったから、いわゆる旅籠《はたご》は発達しなかったし、料理屋もなければ、飯盛女もいないところが多かったというが、それでも人の往来や物資の輸送があるというので活気もあり、宿場の村では農業をいとなむ者はいたってすくなかったという。

このようにして街道にのぞむところには一定の距離をおいて交通・輸送を主体とした町や村が発達し、土地によってはそこが農村の交易市場にもなっている。そしてこれらの宿場は村とはよばれていても一般の農村とは性質のちがっていたものであったし、そこに住んでいる者にも定住性はすくなかったのである。

◉駄賃付け

こうした山中だけでなく、関東平野には宿場とまではいえないが駄賃付けを職業とする人々の群居しているところがすくなくなかった。たとえば千葉県印旛郡だけでも、明治三九年に小荷駄の頭数が二〇三八頭にのぼっていた。小荷駄は百姓が農閑におこなう駄賃付けであるが、明治初年にはこれに数倍する小荷駄がいたと思う。なぜなら、明治三〇年代に入ると荷馬車や荷車が発達して、小荷駄にかわってくる。おなじ年の調査に荷馬車七七一台、荷車八三九台があった。これらはもとはみな駄賃付けをしていたはずである。当時印旛郡で俸給生活者や賃労働者の数は一万人にのぼっていたが、この数字から見ると交通運輸の労務にしたがっていた者がその半ばに達していたことがわかり、それらの労務者すなわち馬子や馬車ひきたちはたいてい人家七〇〇～八〇〇戸をこえる集落に住んでいた。

これらのことからも想像されるのであるが、関東平野にはこうした交通労務にしたがっていた人々がいかに多かったことか。そしてこの仲間を相手にした飲食店や小料理屋が方々に見られた。

私はかつて野田市の北の川間村の調査にいったことがある。いまは野田市に合併しているが、もともと平凡な農村であった。その村の中心をなす中里部落は家も一〇〇戸あるかないかの小さい部落だが、村の中の道をひろくし、道の両側には二階建の家が多い。一見宿場を思わせるものがある。ここはもと日光街道の脇往還として野田から宝珠花《ほうじゅばな》にいたる中間に発達した間《あい》の宿《しゅく》のような部落である。もともとは家らしい家もないところ

江戸時代の馬子の姿（「人倫訓蒙図彙」）

であったというが、付近の農家で金を持つ者がここに家をつくり、穀物の売買をはじめたのがこの部落の発達するもとであったという。台地の農家の人々は農産物を背負子で背負ってこの家に売りにきた。その家では荷がまとまると、江戸川べりまで小荷駄で運んで、そこから船に積み江戸へ送った。

　最初に住みついた者がよいもうけをしたのを見て、財産を持つ百姓がしだいにここに家をたてるようになり、屋敷割もした。これらの家は農家として別に旧来からの家を持っていて、中里の家は出店のようなものであった。

　さてそうした穀物問屋が一〇軒あまりもできると、穀物の集散は目に見えてふえてきた。そしてそれを運搬する牛馬の数で広い道は夕方などいっぱいになって一般の人は通りかねるほどになった。小荷駄付けをするのは付近の農家の者で、田畑の仕事をはやくすまして余暇の時間で駄賃付けにくる。

　この馬子たちを目あてに飲食店や料理屋ができた。これは土地の者ではなく他所からきた者が多かった。今のこる二階屋はそうした料理屋だったのである。料理屋ができると白首女《しろくびおんな》がきた。飯盛女である。このせまい在所に二〇人近い白首女がいたという。これも土地のものはいなかった。駄賃付けする百姓たちは料理屋の下で酒をのんだり、飯をたべたりするくらいで荒金をつかうことはすくなかったが、付近の農家で金を持っている家の息子や仲買人たちは、二階へ上って酒をのみ女と遊んだ。こうして二階と階下の客はおのずから性質がちがっていた。

二階の客はよくばくちをうったそうである。すると、利根川筋の船着場のばくちうちたちもやってきて、時には賭場荒しもみられた。そしていつの間にか中里は一〇〇戸をこえる部落にまで発達したのである。

ところが大正の終りころから駄賃付けはなくなり、荷物はすべて荷馬車にかわり、また若い者たちは野田の醤油工場へ働きにいくようになってくると、穀物問屋も姿を消してくる。この台地でつくられる麦も大豆も、野田の工場で買いとられるようになってきた。料理屋がつぶれ、白首の女がいなくなると、これらの家は別の人に買われて衣装がえをし、農家の生活必需品を売る店になってきたのである。これはささやかな商人町の歴史であるが、それぞれの農村のなかに存在する商業区は、みなこうしてできあがったのである。

◉陸《おか》の港

もう一つ、こうした宿場町をつくりあげていった理由がある。人の往来がさかんになると途中で追剝ぎなどの被害も急にふえてきたという。台地の上は家もすくなく、かりにあっても点々として存在し、しかもそれが屋敷林の中にある。台地の道は畑でなければ林である。林の中へ入ると見通しはきかなかった。中里のように人のかたまって住むところは台地の上を四キロ以上行かなければならなかった。昼間は人通りが多くても夕方になると急に減ってくる。若い女など夕方になってこうした道は絶対にあるくものではないとされた。いつどんなことに出あうかわからない。台地の原野はちょうど海のようなものであり、その中の宿場町は島か港のようなものであった。夕方になれば早くそういうところへついて宿を求めるのがもっとも安全であった。人の往来のすくないときは旅人が途中でおそわれることもまたすくなかったが、人の往来が多くなると被害をうける者が目に見えてふえた。それも若い女やまた金を持っていると見られるものに限られていたという。中里がささやかな宿場町として発達したのも、野田から宝珠花までの間に人の群居する村がなかったからで、この間はおよそ一〇キロある。人が往来するには間の宿がほしい距離であったが、往来のとぼしいところであったから間の宿がなかったのである。宝珠花から関宿の間も一〇キロ近くある。しかしこの方には中里のような現象がおこらなかったので、宿場町ともいうべきものは見られない。

こうして町は旅行く者が身を守るためにも必要であった。

何年か前埼玉県下で女学生の殺された事件がおこった。学校からのかえりに行方不明になり、親たちの心配しているところへ脅迫状がきてやがて犯人の見つかる動機がつかまれるが、私は新聞写真によって事件のおこった土地の風景を見たとき、はしなくも旧川間村の風物を思いだした。ひろびろとした台地の畑の中を道がいくつも通り、その道はまた林の中をぬけていく。いかにも武蔵野らしい風景であり、ただ風景だけをたのしむのであればわれわれの心にしむ何ものかがある。しかしその風景の底に野性の血の流れている世界がある。一人の娘が殺されて一〇〇人をこえる容疑者が一応うかびあがってきたというのはそのことを物語る。

武蔵野の中には中里に似たような事情によって発達した集落がいくつもあったと考える。

6　港町

◉船着場

人が自然に寄りあつまってくる場所には船着場もある。その船着場もそこが船の出発点である場合、そこにいろいろの物産があってやってくる場合、風待ちや潮待ちするのに便利だからやってくる場合といろいろある。ヨーロッパの港は多くの場合、船の基地として発達したようである。マルセイユでも、ゼノアでも、ヴェニスでも、そこから東洋への海の道はひらけていた。

しかし日本にはそういう港はすくなかった。古くひらけた難波津や博多津にはそうした性格がかなりつよく見られたけれども、大陸との往来は航海術や船の幼稚なためにそれほど活発ではなく、覇気にみちた海員の町は容易に生れなかった。宋との貿易に従事するために発達した兵庫の港も宋が元にほろぼされてからは国内航路の港になり、むし

中世の港。いかにも日本的雰囲気の港で、のどかな風景である。(「慕帰絵」)

ろ地方から年貢など積んだ船のつく所となったのである。

堺もまた遣明船《けんみんせん》の出たところだが、ここのみは中世末まで海外との往来がさかんで西欧の都市にみるような活気があり、納屋衆《なやしゅう》とよぶ倉庫業者が同時に船も持って富を築いたのである。そしてこの町に独自の自治の生れたことはさきにのべた通りである。しかもこの町はまったく自然発生的に成長していった。そして堺の発達について発展していった海外貿易の港平戸などにも堺的な要素が見られたが、そういう港の発達が国全体の傾向になってゆかなかったのは、キリシタンの弾圧にともなう海外渡航の禁止が大きな原因をなしていると考える。この禁止令は同時に廻船についての制限をもよびおこした。そして一〇〇〇石以上の船はつくられぬことになり、さらに二本マストの航洋船もみとめられなくなった。中世末に海外へ渡航した船はシナのジャンク型をとり入れた二本マストが多く、中には西洋型をとり入れたものもあって航走能力は大きかったが、一本マストに帆を張ったのでは追風以外は前進しようがなく、したがって順風を待つ日ばかり長くなり、風待ち潮待ちのために海岸にそって航走することが多かった。それでいて遭難は相ついだのである。

こうして江戸時代に入って船着場として発達した港町の多くは風待ち潮待ちのためのものであった。そして船が港に入ると次の順風の吹くまでは何日も何日も待った。こうした港には申しあわせたように港の背後に日和山《ひより》という山をもっている。そこから海の彼方の天候の様子を見ていたのである。そしておなじような天候と風が何時間つづくかを見きわめなければならなかった。

船着場になったところにも、それ以前からそこに村のあったものもあれば、新しく港町のできたものもある。新しく港町のできたものは瀬戸内海の島に多かった。岡山県大《おお》多府島《たぶ》・広島県走島《はしりしま》・御手洗《みたらい》・鹿老渡《かろうと》・愛媛県安居島《あい》などはもと家が一軒もなかったところであるが、帆船の往来がさかんになり、風待ち潮待ちの船が碇泊するようになって発達したところである。その中には大多府や走島のように藩命によってひらかれた港もある。そういうところでは港町になる場所の屋敷割をして家をたて、また海の支配者としての庄屋や横目《よこめ》を任命した。また住みついた者のうち財産のあるものは船宿や船問屋をいとなんだ。そういう家では旅船が入ると、船頭や船員の上陸してきたのを迎えて宿をしたのである。なかには飯盛女をおいたものもある。

船着場の発達も宿場の発達に似ている。大名のとまるために本陣のおかれた港もあった。愛媛県岩城島《いわき》や同じく弓削島《ゆげ》上弓削には本陣があった。土地の旧家で庄屋をかねており、殿様を休ませる部屋をもっていた。ただ陸の宿場とちがうのは供の侍たちをとめるための宿をする家がほとんどなかった。いずれも船を宿所にしていたからである。

◉港々に女あり

港には駅馬はなかったし荷つぎの事務もなかったが、船が入港してくると、すぐ伝馬船を漕ぎ出して帆船を港の碇泊地まで漕ぎ入れ、つなぎとめる仕事をしなければならなかった。また出帆の時には帆船を沖まで漕ぎ出して帆船が外海を走るようにしてやらねばならなかった。難破船のあるときはこの仲間が救助にも出た。普通の船着場ならばこれだけの用意があればよいわけだが、何艘もの船が入ってきて、しかも逆風の日がつづくと船は何日でも碇泊していなければならぬ。そこで船人たちは女をほしがるようになる。船宿や料理屋、風呂屋などにはそれぞれ飯盛女や湯女がいて船人たちの相手をしたのである。船のとくに多く着くところでは遊廓もあって遊女もいた。

これらの人々はその港の付近から集ってきたものもあったが、飯盛女や遊女の場合は遠方からきた者が多かった。そしてそれが売られてきた者もあったけれども、港の付近の農家の娘が稼ぎに出ていることも多かった。結婚までの間を男を相手に働く。貞操についてはそれほどこだわることもなかった。むろん結婚すればそういうことはしなくなるが、それまでは男に身をまかせることはあたりまえと思っていたようで、結婚までを稼いだ。

陸にいて船人の上陸してくるのを待つばかりでなく、小船にのってこぎよせてくる女

室津の遊女（「法然上人絵伝」）

古い港町のすがたをとどめる室津港（兵庫県揖保郡御津町〔現・たつの市〕）

たちもいた。近世初期には大坂の川口付近にも多くてこれをピンショといったという。船まんじゅうなどともいっている。『法然上人絵伝』にみえる播磨(兵庫県)室津の遊女なども小舟で沖の船へこぎ出しているから、遊女が沖にとまった船人のところへ出かけていくのはあたりまえのこととされていたのであろう。

このような習俗は瀬戸内海地方にながくのこり、大正時代までは山口県上関・愛媛県安居島・広島県御手洗・木之江・鮴《めばる》・三原・糸崎などに見られ、木之江では売春禁止法の発令されるまで続いた。

明治初年の山口県上関の遊女の出身地についてみると漁村や農村の出身というのは一人もなく、いずれも町生れであった。遊女に売られるようなものは垢ぬけした町育ちのものが多く、飯盛女や湯女は、港近くの農家や漁家の貧家の娘が多かったようである。両者の差は、遊女には源氏名がついており、飯盛女にはそれがついていないので区別される。

こうして船着場が繁栄して港町らしくなるには飯盛女がいるか遊女屋があるかが一つの条件になっていた。瀬戸内海で遊女屋のあったのは大坂・尼ケ崎・兵庫・明石・兵庫県室津・牛窓・高松・丸亀・多度津・笠岡・鞆・尾道・三原・竹原・御手洗・鹿老渡・愛媛今治・三津浜・山口県地家室《じかむろ》・室津・下関などで、そこはいずれも港町らしい様相をもっていた。

九州の北部から西にかけても遊女のいた港は多い。小倉・博多・唐津・呼子《よぶこ》・星鹿《ほしか》・

的山《あづち》大島・平戸田助・長崎・牛深などを数えることができる。そして帆船はまた女がいることによって寄ってもきたのである。

日本海岸にも遊女のいた港はあった。ただここでは遊女のあり方がいくぶんちがっていた。日本海は冬になると船がかよわなくなる。すると船人相手のかせぎはできなくなるので、その間は港近くの農村をあるいて宴会の座敷で芸事などして稼いだもののようである。

橇にのる越の遊女の寒そうに
　一分につなぐ丁百の銭

というのが『芭蕉七部集』の中に見えているが、これは冬になって船がこなくなってから田舎わたらいをしてあるく遊女の姿をうたったものであろうという。船のたくさんくる港ならともかくとして、こうしたわびしい遊女もあり、九州西海岸地方できいた話だが、日ごろは家で百姓をしている娘たちが、海があれて港へ船が入ってくると、船宿の亭主にたのまれて船人のあしらいにゆき、遊女同様のつとめもして、船が出て行けばまた百姓仕事に精出したものであるという。

◉港町の性格

こうして帆船航路の発達にともなって港町も発達していったのだが、船人がたちよったからといっても荷受問屋がなければ商取引きをするわけではなく、ただ船人をもてなすだけのものであったから、商人町にみられるような色彩は乏しかった。ただし荷受問屋のある港は別である。下関・尾道・兵庫・大坂など港近くに土蔵がならび、商人が集い、しかも船一艘の商品を単位としての取引きをするのであったから港自体にも活気があり、中世の堺に似た市民意識の芽生えも見られたのである。

港町は全般的に見て自然発生的なものが多かったし、流離の民の一つの寄り場となったものであるが、その港となったところの多くが、海岸が入江になって港としては適していたが、山が海にせまって土地がせまく、背後地をもっていないものが多く、寄りくる船を唯一のたよりにしていたのであるから、一本マストの帆船から二本三本マストの洋型船になり、さらに汽船の出現をみて風待ち潮待ちをすることがすくなくなると、にわかにさびれてきはじめる。したがって日本の場合は港町が都市の発達にそれほど大きい影響を与えているとは思えないが、それでも荷受問屋をもった港町大坂と大坂につよくつながる西日本の数多くの港町には、東日本の都市とはちがった一つのタイプ、すなわち問屋の建ちならんだ町並が見られたのである。

東日本の都市の多くは町から周囲へ出ていく主要道にそって蛸の足のように町がつづいているのが普通である。東京の町についても見ても現在ではもうわからなくなってしまっているが、中仙道は本郷追分から北が江戸の外であったけれども、そこから板橋まではおよそ八キロほどの間はずっと家がつづいていた。奥州街道も千住までは町家がならんでいた。また四谷から出て新宿追分でわかれる青梅街道と甲州街道も四キロばかりさきまで町屋がつづいていている。東海道にいたっては芝から先は江戸の外で、品川は第一の宿場であったが、その間ははやく一つづきの町になってしまった。

今日これらの街道はすっかり市中になり、道路にそう民家の背後もまた人家で埋まってしまっているが、もとは町家の背後は畑か林で、江戸の町を地図で見れば蛸の足のようであった。

大きな都会がこのような蛸足状の枝町をもっているのが、関東から中部へかけての特色で中部では名古屋にそのいちじるしい現象がみられる。農村から出た者が都会の場末へ居住を定め、農村からくるものを相手に商売をはじめ、それがだんだん農村の方へのびていったものであろう。

これに対して西日本にはこの蛸足状の枝町のあるものがすくない。たとえば大阪では農村から一荷ずつ背負ってくる農産物の買取りを目的としたような商人はすくなく、農村で生産する綿糸や綿布はそのまま問屋商品として動いていったし、米は掛屋や米問屋の手を通じて流れ、野菜類は農家から運搬されてきたが、それも一戸一戸へ門付けして売るのではなく市場へ持っていったのだから、蛸足の枝町はできようがなかった。そして町の中央部は大量の商品を動かす問屋がならんでいた。兵庫でも広島でも博多でもみな相似た性格をもっていた。そういう点では港町的な性格を反映しているといえるかもしれぬ。

7 門前町

◉伊勢の御師の町

もう一つ、日本の町の中には信仰を中心にして生れたものがいくつかある。長谷・熊野・宇治山田などは中世にはすでにりっぱな町の態をなしていた。そのうちの宇治山田についてみよう。この町の中世のありさまについては豊田武氏の『中世商業史の研究』にくわしくのべられているので、その中から援用しよう。

宇治山田はいま伊勢市とよばれている。もと宇治と山田二つにわかれていたのは伊勢神宮が内宮と外宮にわかれていたことによる。そして宇治の方は岩井田・岡田・中村・楠部・一宇田・鹿海の六郷から成っており、山田は沼木・継橋・箕輪から成っていた。これらの郷はいずれも神宮領であり、そのため神主たちの自治がおこなわれていた。各郷の自治の事務は刀禰によってとられた。刀禰は神宮の権禰宜が兼務していたが、山田の沼木郷は外宮の鎮座しているところで、外宮の二禰宜が総刀禰をかねていた。

さて神宮には禰宜の下に内人と大物忌がいた。禰宜は内宮は荒木田、外宮は度会《わたらい》姓のものがなることになっていた。禰宜のことを神主ともいった。

もともと神宮は皇室の祖神をまつるものとして斎宮が祭主となり、禰宜がこれをたすけて祭祀をおこない、一般人民の奉幣は禁じられていたが、平安時代に入ると民間から領地を寄進するものが相ついで、神領がいちじるしく増加してきた。と同時に人民の私

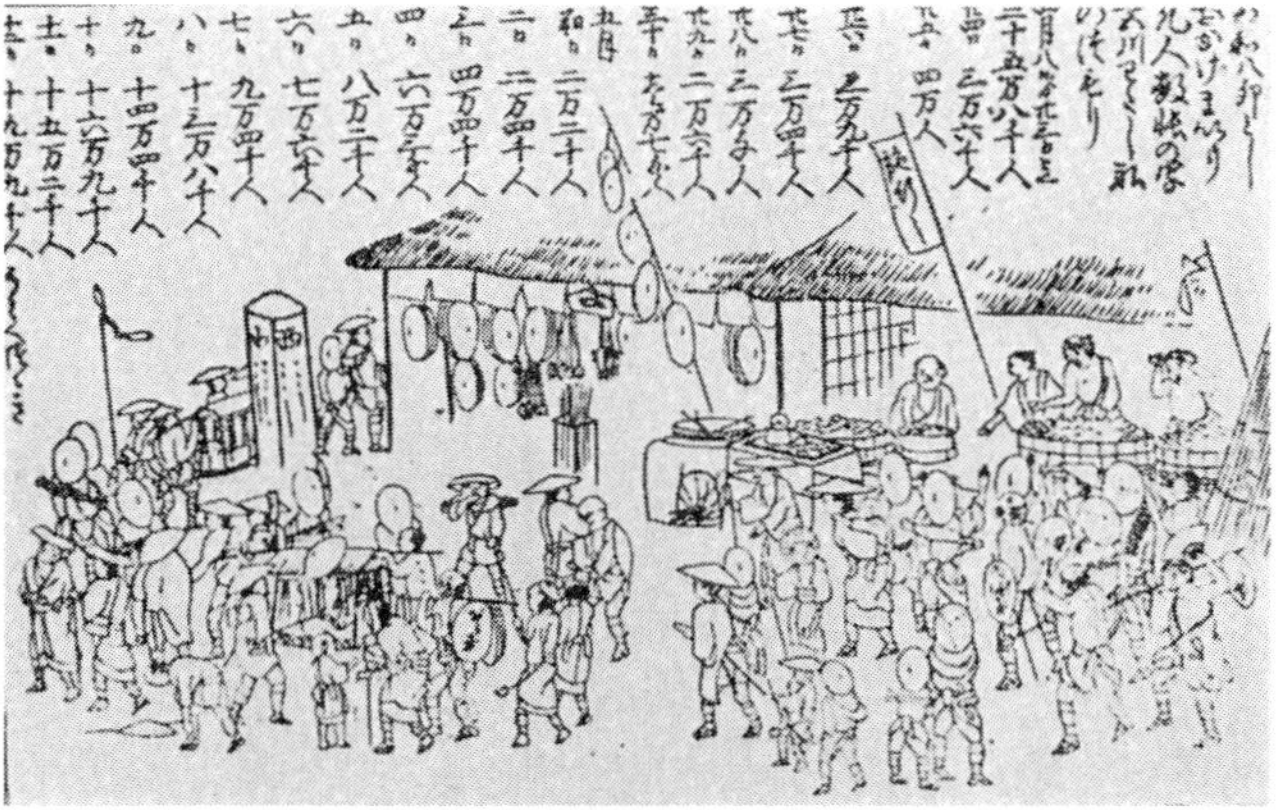

伊勢神宮参拝者の増加。数字は、明和8年に、宮川の渡しを渡った人数。

幣を奉る者がふえ、参宮者もまた増加した。これは一つには詔刀《のりと》師《し》とよばれるものが、伊勢の信仰を地方へひろめて歩いたためとみられている。もともと伊勢の神主に仕えていた身分の低いものであったと思われるが、それらのものが私幣をとりついできたものであろう。

さて参拝者がふえるにつれて、その人たちの応対をし、また私幣をうけ神領を管理する人間も増加させなければならない。そこで荒木田・度会両家では一族の者を神人と名づけ、一族以外の者を神役人と名づけて神宮に奉仕させた。ところが禰宜の家は格式が高いけれども増すことをゆるされなかったのに対して神役人は必要に応じてどしどしふやしていった上に、禰宜は私幣私禱をゆるされていなかったのに対し、神役人たちは勝手にうけつけて祈禱をおこなったので、一般民衆はしだいに神役人に結びつき、神役人の勢力が増大するにつれて発言権も増してきた。こうした神役人の仲間を後に御師《おし》といった。御師は身分は低かったが束縛されることがすくなかったので、それぞれ地方をあるくとともに、国司北畠氏とも結託して、南北朝戦のときは北畠氏にしたがって尾張へ出陣している。この仲間は同族的な結合の外に生れたものであるから、一揆といわれるにふさわしいものであった。

こうして御師の勢力が禰宜にかわるようになって会合年寄を構成するにいたる。会合年寄というのは宇治の側についてみると、六つの寺坊関係者の中から一坊について八人を選出して衆議によって郷統治の事務をとるものである。山田の方は三方会合衆を選出して自治事務をとった。三方というのは山田が坂方・須原方・岩淵方にわれているのをさすものであって、三保とも書いている。さてここでも各保から八人宛《ずつ》をえらび出し二四人が会合衆となった。

御師たちがとくに大きな勢力を持つようになったのは八日市場に種々の市座を出すことをゆるし、その許可料をとって三方の経費にあて、経済的にもめぐまれ、結束をかためる足場を持ったからである。

このような独自の自治組織を持つことができたのは、神領であるために武家の支配権のおよばなかったことが原因であろう。同時に武家の圧迫がなければこのような自治組織の生れ出てくる必然性もなかったかと考える。

このように書いてくるとこの自治組織はきわめて順調に発達したようにみえるが、実は長い風雪にたえてきたのである。まず内部にあっては神主や神人と対立しつつ自分たちの権利をのばしていかなければならなかったし、時には宇治と山田の両方が自己の権利を主張してはげしく戦わねばならぬこともあった。また自分たちの力を外部の者にみとめさせるために戦争へも出てゆかなければならなかった。そして蓄財したものは金融や商業にも投じて、仲間としてばかりでなく、一人一人の地位をかためていくことにも努力した。そうした中で得た自治組織だったのである。

◉町衆の合議制

宇治山田の外港であった大湊にも自治組織があった。大湊は伊勢湾内ではもっとも重要な港で、熊野から伊勢湾内各港にいたる船はここから出、また各地の物資を積んだ船はこの港に入ってきた。その数は一六世紀の半ばごろ、毎月一〇〇隻にのぼっていた。そしてこの港の住民自体の持つ廻船だけでも一二〇隻を数えた。この港の自治は廻船衆・問屋衆によって組織された会合衆によっておこなわれていたが、会合衆は会所を持ち、会所において事務をとったが、この会合衆はさらに老若二組にわかれていたものと思われ、大湊老若の花押が使用されたり、また老分五人の加判した古文書ものこっている。

老人と若い者が年齢によってグループをつくる慣習は今日もこの海岸地方に見られるところで、それは男だけでなく女の間にも存在する。したがって会合衆による合議制も、この門前町や港町で発達するまえに、すでにこの地方の農漁村の中に存在していた自治組織がより大きな社会の中で適用されていったものではないかと思う。そしてこのような組織こそ成長していく都市の秩序を保っていく上に大きな意義を持っていたかと思われる。

日本の古い都市のうち、このような組織がもっとも早く宇治山田で発達したことは先にものべたように、神領であったために、国司もここに十分干渉することができなかったからであるが、この自治組織は近世もずっとつづけられて明治初年にいたる。

◉檀那場と門前町

神社仏閣の門前町、とくにその社寺に奉仕する御師や坊主たちが居住者の主体となっているところには早くから自治的な組織が見られた。それには伊勢と似たような信仰組織が原因しているかと思う。寺の中でも東寺・東大寺・興福寺などのように広い寺領を持ったものは別だが、民衆信仰にたよっている社寺は、それぞれ信仰団体によって支えられて社寺の経営をおこなっている。この場合、門前に住む御師や坊主たちはそれぞれ檀家を持っていて、檀家まわりをすることによって生計をたてている。檀家のある地方を檀那場《だんなば》といっている。東北地方ではこれを霞《かすみ》ともいう。それぞれ御師や坊主たちが地方をまわって開拓したものであろう。そして信者たちに講をつくらせ代参をさせるのである。代参者がくると、御師や坊主は自分の居宅にとめて世話をし、信者にかわって祈禱し、お札など持たせて帰郷させる。こうして両者の間には長い親縁関係ができて世代をかさねていく。信仰による領有権のようなものである。そしてこの檀那場は売買され

江戸谷中天王寺の富籤興行（「東都歳時記」）

ることもある。

広い檀那場を持つ社寺は多くの場合またりっぱな門前町をもっているようである。山形県羽黒山・長野県善光寺・富士山・秋葉山・島根県出雲大社・広島県厳島神社・香川県金比羅権現などがこれである。その初めは御師・坊主らによる門前町の自治組織が見られたようであるが、後には商人町の発達にともない、商人の勢力がのびていった。商人の勢力ののびていったについては厳島や出雲大社のように門前商人が富籤興行をおこなったところもあり、それが門前市を活気あらしめ、おびただしい参拝者をあつめることにもなった。西日本では江戸時代の中期以後富籤はさかんにおこなわれ、とくに神社の神前でおこなわれるものが多かった。

かくて信仰を主体にして発達した門前町

はその初めは、社寺に奉仕する下級宗教者が門前に住みついたことから形成されたものであろう。『一遍聖絵』には多くの社寺の門前町が描かれているが、門前町の中で店舗をかまえているものはきわめてすくない。伊豆（静岡県）三島神社のまえには店が見られるが、これは門前町であるとともに東海道の宿駅でもあったので、神社参拝者を相手の店であるとはいいきれない。そのほか肥前清水寺では寺の園地を耕すための寺百姓の家と思われるものがならんでいる。ところが、淡路（兵庫県）志筑天神のまえには市屋がたっている。平生、この神社にまいる人はすくないらしく、神社のまえには社家の家も見あたらないが、祭日などのときには参拝者が群集するのであろう。そしてそのようなとき市がひらかれたものと思う。

社寺の祭日にその庭前で市をひらく例は、今日もきわめて多い。そしてその市の回数が多くなると、そこに定住する商人もできてくる。一定の日の参拝者ばかりでなく、信仰圏の拡大により信者の数がふえてくると、参拝者相手の店もふえる。しかも店舗の数がふえてくると、門前町は商人町らしくなってくる。ただ門前町での売り物は昔から食べ物と土産物が多かった。そのために門前町が中心になって地方の経済的な発展が見られるということはすくなかったし、門前町が中心になって町全体が大きく発展することもすくない。

善光寺を中心にして発達した長野は、県庁がおかれたことによって大きな町に成長し、信仰の力にのみよったわけではない。

以上、日本における明治以前の都市の発達の様相を見てきたが、都市的な芽生えはあっても、それが大都市にまで発展するような要素はほとんど見いだせなかった。日本の都市の発達は明治以来の資本主義経済の発展にともなうものであって、それ以前には、都市を発達させる要素もすくなく、また都市が都市的な秩序を生む力も弱かったことが反省させられる。

8　町のしくみ

◉同業相集う

町は村とはちがっていた。町は商人や職人の住むところであり、商人や職人は農地をもたないのが普通であり、家屋敷と商業や手職で生活をたてる特権を持っていた。したがって農村のように広い領域を持たず、家のたてられているところだけが町の区域であった。明治になるまでの町の領域はせまいものであったから、町家がふえ、町がのびていくにつれてその周囲へはみ出していったのである。江戸の町など特にその傾向がつよかった。

元来、城下町の場合は城固めが第一の目的であり、町自体の商業的発展を必ずしものぞんではいなかったのであるから、城下町自体として真の商業発展計画がたてられるはずもなく、町そのものが商人が商売をいとなむには不便にできていた。町の中に多くの木戸のもうけられていたのもその一つの例である。もとより町の木戸は自由都市としての博多や堺にまず発達していって城下町がまねるようになったもので、決して武士の発明ではない。だがこの木戸が平和になってもなお存在したことは、町民にとっては大きな障害になった。

城下町の中には木戸をもたぬものもあった。そういう場合には街路をまっすぐに通さなかった。したがって城下町では道が直角に十字に交叉することがすくなかった。これは町自体を一つの要塞たらしめようとしたものであって、道をまっすぐにし、十字に交叉させれば見通しがきく。そこでできるだけ道をT字形か筋違いに交叉させて、交叉点があることによってかえって見通しできぬようにしたのである。これは外敵の侵入したとき防ぐのに身をかくす場所を多くつくっておくためであったといわれる。それが町にせまくるしい感じを与えた。奈良のように城下町でないところすら交叉路をT字や筋違いにしている。それがどれほど交通や商業をいとなむ上に不便を与えたことか。そのために明治・大正に入ってそれぞれ街路の整理をしなければならなかった。

職業によって居住区を定めたことも、すでに自然発生的な町にも見られたのである。むしろ同業者が住むことによって町は発生したとも見られる。座といわれるものがそれであった。同業の者が一つ所に住んで組合をつくることにより、その権利を守ろうとした。山城と摂津の境にある大山崎の離宮八幡の神人たちによる油座などはそのよい例であった。その初めは神前に明かす灯明用の油を手製したものであったが、それが商品としてしだいに広く売りさばかれるようになっていった。神人といえば聞えがよいが身分的には賤民に属するもので、神社におさめる油をつくり、その仲間が宮座を組織していた。中世の社寺にはその信者たちが座を組織して祭りをおこなうふうが見られた。離宮八幡の油座もそうした宮座の一つであっただろうが、油神人たちはその初めから百姓というよりは職人であり、また行商者であった。そこで油を自給するだけでなく周囲へ売りあるいたのであった。そしてその商圏がしだいにひろがっていった。

油の原料は荏胡麻《えごま》であった。荏は紫蘇に似た植物で野生同様であり、焼畑などでつくる。その実をとって油をしぼる。商圏が拡大していくにつれて原料の入手にも苦心するようになり、戦国時代の終りごろには美濃あたりまで荏胡麻を買いに出かけている。美濃（岐阜県）の稲葉山に城をきずき、その下に岐阜の城下町をつくって一時は非常な繁栄を見せた城主斎藤道三は、もとは大山崎の油神人であったという。一介の行商人ではあったが経営の才があり、また時勢を見ぬく力があって、他の武将とはちがった町づくりをしている。

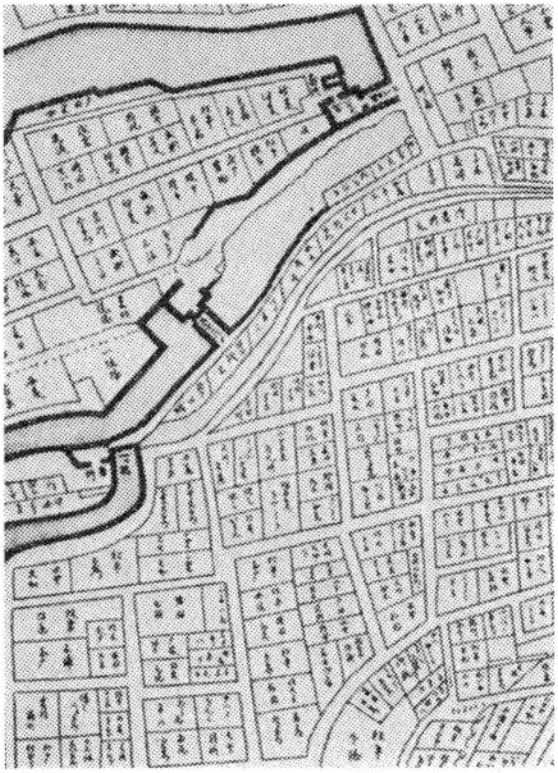
城下町の街路。屈曲・筋違い・T字路が多く見通しがきかない。これは江戸。

大山崎の油の売られた地域は東は美濃から西は備前（岡山県）・讃岐（香川県）におよぶ広範囲なもので、この門前町も一時は大きく発展していたが、後に菜種油が使用されるようになって、凋落して

江戸時代以来、紺屋の居住区域であった所（大和郡山市）。中央の堀割は、染色の際の水を流したもの。

しまうのである。大山崎の場合は一業一集団であったが、一業一集団は社会経済的な変動があると、それに対抗する力が弱い。宿場町がそのよい例で、交通事情が変化して道ゆく人がすくなくなると、すぐさびれてしまう。大山崎も荏油の製造販売のみにたよっていたことによって、新興の菜種油にきわめて容易にうち負かされてしまったのであった。

◉職業の変遷

しかし業種が二つ以上になってくると社会経済的な変動にたえる力もつよくなってくる。大和盆地を流れる大和川が生駒山脈を大阪平野へ横断するために山地へくいこむ場所に竜田という町がある。ここには竜田《たつた》神社という古くからの大社があり、風の神としてあがめられた。大和平野への風はこの谷からつよく吹きこんできたためであろう。古い大社であるから門前町ができ、そこに神人が住んでいた。神人たちは大和川に魚簗《やな》をかける権利をえて川魚をとり、それを売って生計をたてていた。大和平野は早くから水田がひらけて夏になると川水は田にひかれて流水量はすくなかったが、冬になるとすべての水は川におとされる。そこで冬になると川を川船で往来することができる。夏は魚簗をかけて魚をとり、冬は川船で荷を運ぶ。その川船は魚簗船といわれた。竜田から西へ一キロ近くいったところに亀ケ瀬という難所がある。川中に岩が重なりあって急流をなしている。大阪から川をさかのぼった船はここまできて川岸に荷をあげる。するとそれから上流は魚簗船がこれを運んだものである。こうして竜田の町は魚簗の経営と荷物の運搬で生計をたてていた。しかし魚簗船には制限があり、大和川を利用して運ぶ荷にも限りがあったからこの仕事に従事する人をむやみにふやすことはできない。そこで新しく分家した者や他からきた者たちは履物製造を業とするようになって古い竜田の町の外側へ町づくりをした。

ところが明治になって大和川にそって関西線が開通し、荷物のほとんどは列車輸送になり川船交通は急におとろえてしまう。あたりまえならこれで町はさびれてしまうはずであるが、この町にはもう一つの職業、履物製造があって町として生きついでいくのである。

◉株仲間

このささやかな例がしめすように大きい町はいくつもの職業集団から成っていたのである。江戸よりまえに豊臣秀吉によってつくられた大坂の町は、各地から商人や職人がよびあつめられたばかりでなく、職業別の町も多く見られた。大手筋は甲冑・刀剣その他武器、高麗橋筋は書店・経師職・衣服・古着屋、伏見町は絹布・唐物、本町は呉服、平野町は弓矢・傘、道修町《どしょう》は薬屋、骰屋町は碁石・将棋、唐物町は革細工・馬具、心斎橋筋は書林・古道具、堺筋は塗師職、久宝寺町は雑菓子、御堂前は数珠・木偶、阿波座は戸障子、西横堀・長横堀は材木、雑喉場《ざこば》は魚類というふうに。このような町づくりの名残りは今日も各地に見られ、同業者が同一地区で営業している例はすくなくない。

このように同業者が相集って住むことによって一つの秩序がそこに存在することは、為政者にとっても便利であったから、その初めにおいて同業者の同一地区居住が強制されたのであろうが、封建社会にあっては同業者が同一地区に住むことが権利を守るためにも役立ったのであろう。

しかし、同業者が同一地区に住むというだけで、おたがいの有機的な結合は生れるものではなく、為政者の側からは株仲間をつくらせて統制し、株の権利を持つ者だけがその職業をいとなむことができ、為政者は株仲間を相手に命令もし交渉することもできる。大阪にあった株仲間は天保以前には九八種あったといわれるが、明治元年七月から二年二月までの間に大阪裁判所で鑑札を下げ渡したものが業種にして四四二種にのぼっている。これは天保年間から明治にいたるまでの間にふえたのではなく、天保年間にもすでに存在していたのであるが、株仲間としての認定をうけるまでにいたっていないものが多かったわけである。

大阪という町はこうして多種多様の職業を持つ人々によって形成されていたわけである。そしてこれらの人は大阪市内の人々と、その職業によって接触し、結合しているばかりでなく、大阪市以外の地域とも結合していたのである。

しかし株仲間というのは外部との折衝のための事務的な機関であったと見てよく、仲間そのものをさらに緊密に結びつけていくための親睦機関も必要であった。そこで仲間はたいてい講を組んでいた。講の名は恵比須《えびす》講・松尾講・住吉講・稲荷講・太子講などで、その職業にちなむ神を信仰し、その神の信仰を通じて集りを持っていたのである。講は毎月ひらくこともあれば年に数回というのもあり、集会は仲間の家を順番にまわっていくのが古い形式のようであったが、料理屋なども利用していた。信仰している神の像をまつって、そのあと飲食をともにして別れるのであるが、この集りが人間関係を調整する力は大きかった。

以上古い大阪の町を例にとって見たが、江戸もまた同様な地域ごとの同業者集団が見られたし、そのほかの町にもこうした町のしくみがあった。

恵比須講。講の仲間の家に集って、床の間に恵比須の掛軸をかけ、その前で飲食を共にしている。

そのうち城下町に住む問屋を保護するために城下町のほか藩内にいくつかの在郷町をつくったところもある。岡山藩は在郷町が一三もあったし、萩藩には五つの町場があった。他の藩にも同様に在郷町は見られたが、在郷商人は城下の問屋から品物を仕入れなければならないことにしていた。したがって商業は元来自由なものであるとされながら、武家社会では一応厳重な統制があり、その統制権は藩が持っていたのだから、商業をいとなんで大をなそうとするものはどうしても藩の勢力と結びつかねばならず、それには藩への献金などをおこなって、自分に有利な条件をえなければならぬ。こうして大きい商人は藩政府と結びついて政商的な存在になっていったのである。

第3章　村と村

I　ムラの成りたち

◉条里制とムラ

では部落というものがどのようにして成立してきたかを見てゆきたいが、これはまたたいへんなことである。一つ一つの部落の成立の時期・条件・人がみなちがっているからである。つまり一つ一つの部落にそれぞれの歴史があるがそれらの部落——以下行政村とわけるためにムラとよぶことにしよう——にもある共通した時期や成立条件が見られるから、それによっていくつかに分類されることになる。

そのうちムラを見ていく一つの基準になるのは条里制《じょうりせい》である。条里制は大化の新政（六四六年）によって実施されたもので、それまでに開かれていた水田を一町四方を一区画として耕地整理し、さらにその中を一反〜二反にわけて班田収授《はんでんしゅうじゅ》に便利にした。このようにして整理した水田も今日の遺構から見て五〇万町歩を下らなかったと思われる。そしてその条里制のしかれたところでは、多くのムラが条里にそってつくられているが、

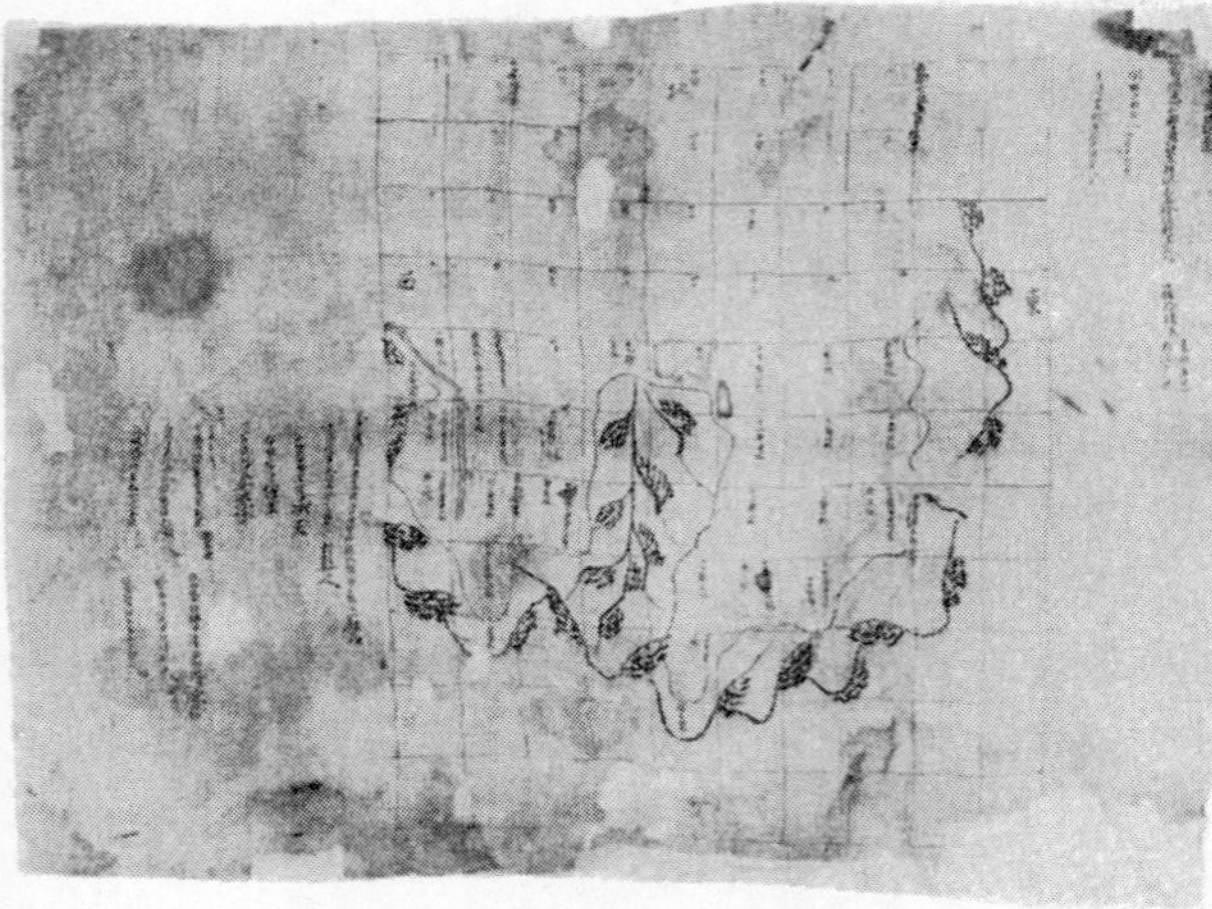

条里制。越前国糞置荘の検田絵図で麻布に描かれている。この条里の痕跡は、現代まで残り、田畑に、きれいな碁盤の目を残している。

その中にあって条里にそわないムラがある。これは条里制以前からあったと見てさしつかえないのではなかろうか。条里にそったムラは、条里制のできたとき整理されて条里にそってつくられたか、または条里制がしかれたのちにできたムラということになる。

さてその水田が承平五（九三五）年ごろには八三万町歩になっている。ところで昭和三三年現在の日本の水田面積は三三七万町歩であるから、いまから千年以前にすでに現在の水田の四分の一はひらかれていたことになる。そして条里制のしかれている地帯の農村はきわめて古く成立したものであるということができる。すると平野のムラにはきわめて古いムラが多いわけである。

ところが平地だけでなく条里制のしかれなかった山間や山麓にも人は住んでいた。そういうムラには古い神社のあるのが特色である。「延喜式《えんぎしき》」に見えている神社は古代以来のものと思われる。そのような神社は豪族の氏神《うじがみ》だったものが多かったが、豪族の没落や退転によってムラの神としてまつられるようになったのが多い。

ところでムラとよばれるものは、血を異にする家族が何戸かあつまって住んでいたところであると思われる。血を等しくするもの、すなわち同族だけで住んだり、特別に大きな氏族の長がいて、その下に多くの人の隷属しているような場合にはムラとはいわなかったようである。つまり、人が相あつまって住んでいても、ムラとよばれるものと、そうでないものがあったわけである。そうしたなかにあって、条里田の中に存在した集落はムラといっていいものであった。そこに住んでいる良民はそれぞれ平等の権利をもち、耕地の割当をうけていた。

◉垣内《かいと》のムラ

ところが豪族が中心になって開いたムラはかならずしもそうではなかった。豪族の長となった者は絶対的な権力をもち、多くの奴婢をかかえて耕地を経営し、また開墾をすすめていったのである。とくに平安時代に入って律令制がゆるみ、中央政府が無力になっていくにつれて、条里制地帯の外側に住む豪族たちは、奴婢を使って開拓をすすめていった。そして、その開拓した周辺に垣をめぐらして耕地を囲いこみしたものではないかと思われる。垣内《かいと》というのは、その初めはこうして成立したもののようである。垣内についての一番古い文献、承保二（一〇七五）年の「伊賀国名張郡司注進状案《いがのくになばりぐんじちゅうしんじょうあん》」によると「僧良円垣内五反苧五畝、桑二〇〇本」とあって人家はない。これは良円の私有する耕地を意味するものである。つまり垣内とは私有地をしめす言葉であったと思われる。しかもそうした土地の周辺に垣をしなければならなかったのは、いろいろの理由があったようである。京都府の木津《きづ》川筋は古代以来水田のひらけたところで、条里制もしかれていたが、垣内のつく地名は大体条里村落の外側、谷の両側の山麓につらなっており、山中にはすくない。この事実だけからすると、垣内は条里田の外側に発達したことがわかり、そのさらに外側には未開の原野がひろがっていたと思われる。そしてそこにはイノシシ・シカなどの野獣も多かったであろうし、また時にはそこが牛馬の放牧場になっていたところもあろう。それらの動物の侵入をふせぐための垣が必要であったと思われる。今日もそのような垣がなお各地に残存しているのを見かける。こうして条里田の外側に垣内が発達しはじめたものであろうが、後には条里村落の中へも垣内という言葉が持ちこまれる。荘園《しょうえん》はこうした私墾田《しこんでん》を中心にして発達する。豪族たちはそのひらいた土地を世間一般にみとめさせ、自分の権利を確保するために、その土地を有力な神社や寺院、または朝廷や公家に寄進してその領地としての名目を得て、実際には豪族自身がその土地を経営し、年々いくばくかの年貢を領家に貢納することにした。しかもこのような荘園の数は急速にふえていき、後には公領公田も荘園の中へまきこまれてしまうようになる。

これら荘園はそれぞれ社寺・公家の私領であるために政府自体の介入をさえゆるさず、それぞれ小さい国家が形成されたようなもので、全国的な統制がなくなった。そこで鎌倉幕府がひらかれると源頼朝は守護《しゅご》・地頭《じとう》の制度をもうけて、荘園内の警察権や徴税権をにぎることになり、荘園の中に別の勢力が入りこんでくる。つまり武士が荘園の中へ住みつくようになる。この武士は荘園の領家の手下ではなく、全然別の系統である幕府から任命されたものであるから、領家と武士とのあいだには政治や権力の上から、たえずごたごたがくりかえされるようになる。

◉名田のムラ

一方、武士たちは自己の勢力をつよめるために、その家来や住民をつかって、空閑地の開拓をすすめていく。この場合、開拓者は開拓地に自分の名をつけたものといわれる。名田というのはそうして成立してきたのである。人名のついた地名は三河・能登・安芸などに多く見うけられるが、人名はつかなくとも武士が中心になって下人《げにん》を使用してひらいた土地は多い。しかもそういう土地は、山間または山間の盆地に多かった。そうしたところに未開拓の山野が多かったからである。こうして中世武士によってひらかれたムラの中に、御館《おやかた》または御方・親方などといわれる中心をなす家があり、そのまわりを被官《ひかん》・名子《なご》などの名称でよばれる隷属の農家がとりまいていた。それは一見して大阪平野などに見られる大きな家がムラの中にあってその周囲を小さい家がかこんでいるもの

大正ころまで残っていた一般の農家の規模。山梨県南都留郡鳴沢村にて。

とたいへんよく似ているように見えるが、実質的にはちがっている。中世に発達した名田村では、親方の家がもっとも大きく、次に、親方に近い家、すなわち大事な家来の家とか古い分家とかは、親方の家についで大きい家に住んだ。またムラの中には親方の家を中心にして身分の上下がきまっており、親方の家に隷属しているのが普通であった。これに対して大阪平野農村に見る旦那の家はその周囲に旦那につぐほどの規模をもった家があるとはきまっていないし、また周囲の民家との間に主従関係があるともきまっていない。むしろ大阪平野の村ではとびぬけて大きな家をのぞいたあとは、みなおなじような広さの屋敷をもっており、もしその屋敷のせまい場合は多くは分家である。大きい家を村人は旦那の家として尊びはするけれども主従的な関係がないから、旦那の家が多忙だからといってムラ人から夫役をとることはない。そういう家には特定の出入りと称する小者の家があって、いそがしいときなど手伝いをしている。

◉親方のいないムラ

中世に発達したムラは親方を中心にして結合し、親方との間に主従関係の結ばれているような名田村のほかに、おなじような力をもった何人かの百姓があつまってつくったものもあった。つまり血を異にし、姓を異にしたものが集り住んだのである。本当のムラというのはそういうものであったと見えて、「淡路太田文」など見ていると、荘園の中の名《みょう》や保のほかに○○村としるされたものがある。百姓だけが寄りあつまってできたもののようである。今日、そういうムラをたずねていってみても、特別に権利をもっている家はほとんどない。かりにあるとすれば多くは戦いに敗れた武士などがあとからやってきて定住したもので、それが後に庄屋など勤めるようになっている。

一方、山間にも親方のいないムラは多かった。焼畑などおこなって定住したムラがそれである。その親村になるところには親方の家があるが、枝村になっているところはみなおなじような大きさの家があつまって住んでいる。石川県の白山《はくさん》を中心にした一帯の山間には焼畑定住のムラが特に多いのだが、ほとんど共通しておなじような大きさの家で構成されている。ただそういうムラでは家が一つところにかたまっておらず、多くはバラバラに散在している。

さて近世に入って世の中がおちついてくると、方々のひらきのこしの土地をひらいて、ムラをつくるふうがさかんになった。武蔵野の新田村などそうしてひらけたものであるが、その他の地方でも低湿地を埋めたてたり、海岸を干拓したりして新しい村づくりがさかんになされる。そして古代においてひらきつくされたように見える奈良盆地でさえ、近世に入って九〇に近い枝村ができているのである。同様に大阪平野でも播州平野でも多くの新田村が成立している。

ましてひらくべき余地のあるところに多くの新田村のできるのは当然のことといってよかったが、開拓すべき面積の広いときは資本家が投資して、ムラにあふれている小者たちを使って開拓させ、資本家は地主となり、開拓にしたがった者は小作人として小作料をおさめる形式をとっているものが多い。越後平野をはじめ、大阪平野の低湿地にも小作人ばかり住むムラがたくさん発生していった。

2 ムラの格式

◉ムラの格式

いままでのべてきたところで、ムラの成りたちのあらましはわかるのだが、それを一つの地域にとって見ると、ちがった時期、ちがった条件で成立したムラが入りみだれて存在している。それでムラとムラとの関係がむずかしくなっている。そしてその伝統と

奈良県番条の環濠聚落。奈良盆地には、こうした堀をめぐらしたムラが多い。

格式にこだわることによってムラとムラとの争いのおこることはすくなくなかった。たとえば和泉平野北部のムラを見ていると、一つ一つでムラの格式はみなちがっていたようである。シュク・シュクサガリ・ジョウロク・マイマイなどいろいろの呼び方の階級がある。それらは決していわゆる未解放部落ではない。未解放部落はそのほかにある。おなじ部落の家にも筋のよい家と悪い家がある。決して貧富の差がそれをきめているのではない。そして通婚などおなじような格式のムラ同士でおこなっており、すぐ隣のムラと全然往来しないという例はきわめて多いのである。どうしてこのような差が生じたものであるかを私はまだつきとめていない。が一般に蔑視されるムラは中世以前から存在していたものに多いのはどうしたことであろうか。最近はムラの格式をやかましくいうものはよほど減ってきたが、まだ特定のムラとのみ通婚しあっている例は多いと思う。そしてそういう格式がどんなにムラ人の生活感情をつよく支配しているかを、私はしばしば見ることができた。

その一つに、ある古いムラがあった。周囲に堀はなかったが、ムラの中の家はみな築《つい》泥塀《じべい》をもっており、おなじような大きさの家がぎっしりたちならんでいて、ムラの中の道はせまく迷路になっていた。このムラの成立はいつごろか明らかでないが、中世初期には成立していたのではないかと思われる。文献はのこっていないが、このムラと通婚しているもう一つのムラの成立がきわめて古いことから察しられる。もう一つのムラというのは和泉（大阪府）一宮の大鳥神社のすぐそばにあり、平安時代以来の文書にもしばしば出てくる。そしてムラの北半分には、もと堀もめぐらしていた。堀をめぐらすムラは古いといわれているが、同時にどういうものか一段低く見られる傾向がある。このムラと前記のムラは同格のムラと見られて密接な通婚関係があった。ともに近世に入っては純粋の農村であった。しかも多くの古い習俗をのこしていた。ムラの中は平均一町歩以上をつくるオモヤ筋と、一、二反つくってオモヤにつかわれるインキョ筋（分家筋）にわかれており、オモヤはインキョ筋の者をつかって田畑を耕作し、この奉公人をヤッコといった。ヤッコは親方の仕事をするだけでなく、雨の日や夜間には自分の家の仕事をしたものである。したがって雨の日は自分の家にいた。そこで昼間雨がふって夜晴れるのをこの地方ではヤッコ日和といった。夜晴れたのでは親方のトクにならないからである。また、昼間晴れて夜雨のふるのをオヤカタ日和といった。そういう日は親方の仕事をすることになる。このように晴れた日は親方の家で稼ぎ、雨の日や夜間に自分の水田を耕すような制度は中世以来のものではないかと思っているが、明らかでない。

またこのムラではちょうどムギのうれるころになると、夜、若い男女が田の畔などで交合する風習があった。いわゆる夜ばいではない。二人でしめしあわせておいて田のほとりに出ていってねるのである。そうすると豊作になるといっていたが、私の目にはそれが単に呪術的なものとのみはうつらなかった。

◉ムラとムラの争い

ただこのムラのインキョ（分家）たちは貧しかったので、農閑には町家の灰を買ってあるくのを一つの生業にしていた。ところが明治末のある年の祭りに、一里ばかり北のムラの若者たちに「灰買い」とののしられた。それをきいてムラじゅうが憤慨した。「かげで言われるのならまだしも大ぜいのところで言われたのはけしからん」とムラじゅうが相談して仕返しすることになり、壇尻《だんじり》（地車）の下に割木をたくさんかくして出かけていった。祭りには各ムラの者が壇尻をひき出して田圃《たんぼ》道をねりあるく。ムラの中の道はせまいから十分にひけないのである。だから野道には方々の壇尻が出ていて、時にはそれがぶつかって喧嘩になることもあるが、このときはそのムラの壇尻は付近のムラをつきぬけて目ざすムラまでいって突然自分たちの壇尻につりさげてある提灯の火を消すとともに、相手の壇尻の火も消してしまって、壇尻の下から割木を持ち出し、誰彼かまわずなぐりつけておいて引上げてきた。相手方は不意をおそわれて手のほどこしようがなかった。しかもどこの者が押しかけてきて乱暴したかさえもわからなかった。そのムラでは大さわぎになった。死者が三人も出、二〇人あまりが傷ついたからである。しかも思いあたるふしはほとんどない。壇尻同士がののしりあうのはあたりまえとされていたからである。が、やがて取調べがすすむにつれて、やっとののしられたムラの者であることがわかって、壇尻をひいた者たち全部が警察にとらえられてしらべられることになり、ずいぶん拷問もうけたが、だれひとり口を割るものはなかった。とうとう代表者の一人を罪人に仕立てて無期懲役に付した。その男が刑期をおえてムラへかえってきたとき、私はそのムラにいた。私はそのときこの事件に参加した他の一人から事のしだいをこまかにきいてみた。この惨事の動機はいたって簡単であった。相手のムラの方がそのムラよりはさらに一段低く見られているのに、その相手からののしられたことの怒りであった。その事を代表者が刑期をおえてかえるまで、村人はだれにも話さなかったのである。これに似た事件は大正の終りころまで和泉地方にはきわめて多く、しばしば殺傷沙汰があったという。

◉ムラの格式の上下

ではこれらのムラのうちで格式の高いムラというのはどういうムラであったかというに、宮座《みやざ》の典型的なものの残存しているムラが多かったようである。前記の事件をおこしたムラには古い神社もあり、また宮座のくずれたようなものもあったが、それは完全なものがくずれてそうなったのではなく、最初からくずれた形のものが存在していたようである。宮座のおこなわれているムラがどうして格式が高いかは明らかでないが、古い神社がそこにあり、その神社の氏人として神をまつってきたということによって由緒ある者としてみずからの地位をほこったのかもしれない。

では格式の低いムラというのはどういうムラなのであるか。これにはいろいろの段階があって、その段階ごとの歴史があるはずであるが、それらはムラの成立事情を反映しているものと推定されるだけではっきりしたことはわからない、たとえばジョウロクとよばれるムラは多く墓地の近くにある。けれども現在死者をほうむるいわゆる隠亡《おんぼう》の仕事をしてはいない。隠亡よりは格式が高いのだといっている。が墓の近くに多いことによって墓と何らかの関係のあったものと思われる。墓聖《はかひじり》のムラではなかったかという話をきいたこともある。墓聖というのは死者のあったとき墓へいって太鼓をたたき六斎念《ろくさいねん》仏《ぶつ》をとなえる人々で、そういう老人たちのいたムラがいくつもあったが、ジョウロクは前記の事件をおこしたムラほど低く見られてはいない。

柳田先生の『毛坊主考』という論考がいろいろ暗示を与えてくれるのであるが、それに比して和泉地方はムラの格式の段階が多すぎるのである。さらにまた未解放部落にもいろいろの段階があった。そしておなじような格式のムラと通婚しあっている。今日では未解放部落と一般部落との間にのみ通婚がおこなわれていないようにいわれているけ

奈良県生駒神社の宮座の建物。祭りの日には、部落ごとにそれぞれの建物に集って、祭りの儀式をおこなう。

れども、つぶさに見ていくと、大阪平野にはもっと複雑な通婚階級のあることに気づくのである。そしてそれはムラの成立の歴史が古く、また複雑であるところほどその傾向がつよく、地方のムラの成立事情の単純なところほど通婚関係は簡単になっているようである。

ムラの格式は通婚関係以外にもいろいろあらわれる。たとえば一つの神社の氏子が数カ村にまたがっている場合に、その祭りに参加する各ムラの祭りではたす役割がきまっていて、それに格式差の見られることがある。また宮座なども一つのお宮でいくつかのムラの宮座のおこなわれるときムラの格式によって座の順序のきまっている例が山城大和地方にはすくなからずある。

たとえば奈良県高山八幡宮のごときもそれで、この社の前には茅葺きの座の建物がある。それが一一の座から成っているが、そのうち一分座というのが社殿に一番近く格式が高い。一分は神社のまえにあるムラで一番権威があり、一分の者が酒もりをはじめぬと他の座の者は待っていなければならなかった。座はムラごとに組織され、座の順がムラの格式の順であった。そしてそういうものを認めあうことによってムラとムラとの間の安定を見たのであるが、それがすこしでも乱されるとすぐ争いになっていった。

大阪地方では「嫁は川下からもらえ」ということわざがある。川の上と下の間にもムラの権利の差はあったもので、川下のムラは川上から田の用水をわけてもらう。そこで川上のムラにはいつも頭をさげていなければならない。そういうところから嫁をもらうと相手に無理が言えなくなる。しかし川下ならばそうした無理をいうことはなく、逆に川下へ無理を言うこともある。

そのほかいろいろの条件がムラの格式を生み出していった。藩政時代に幕府直領を天《てん》領《りょう》といったが天領の者は威張っていた。そして周囲の小藩の領地の者に対しては無理なことを言ったりおこなったりしたものである。天領では年貢も比較的安く、また夫役に出ることもすくなくて、その生活は一般の大名領よりも楽であるのが普通であった。そこで一所懸命に働いても貧乏している小藩の者を軽蔑する風習が見られた。

天領と藩領の間ばかりでなく、大藩と小藩の間にもそうした関係が見られて両者のムラの間にはいろいろのしこりがあった。そういうものが今日もまだとけきっているとはいえない。とくにそうしたしこりの中にはムラ境の争いがからんでいる場合が多い。

3 賤民のムラ

◉死穢の思想

ムラの格式についてもうすこしのべてみたい。格式の差が原因して人の心を暗くさせる問題をよびおこしているのは、未解放部落に関するものである。もうこういう問題は解消しきっていていいものであると思うが容易に消えない。この部落の歴史については早く喜田貞吉《きたさだきち》博士が真剣にとりくんできてその事実を明らかにし、戦後は奈良本辰也教授らによって精力的な研究がすすめられてき、ようやくその全貌と、これまでの歴史が明らかになろうとしている。それらの業績によって照らしてみると、この人々はまったく社会悪の犠牲になってきたのである。世間では未解放部落の人々は古代に朝鮮からわたってきた者の子孫なのだとの俗説がひろくおこなわれ、日本人とは血を異にするものだといわれてきた。その中には朝鮮人を一段低く見下した考え方があってのことである。ところが大阪大学の小浜基次教授が長年その体質調査をしてきた結果によると、体質的にはむしろ純粋の日本人としての要素を一般人よりは典型的に持っているとのことである。たとえば朝鮮人ならば短頭形が多いのだが、未解放部落では中頭形が多い。それは古い日本人の一つ一つの特色であったものだ。そういうことになると俗説は単に俗説で終ってしまう。ではどうして特殊視され蔑視されるようになったかというと、それには日本人自体の中に古くから汚穢を忌む思想があり、汚穢は不幸をもたらすものと考えられていた。「魏志倭人伝」にも「人の死んだとき喪《も》に服すること十余日、その間は肉を食わず、喪主は泣きくらしている。すでに葬ってしまうと一家中が水の中へはいって沐浴《もくよく》する。また倭人が中国にやってくるとき船に持衰《じさい》とよぶ者を一人のせる。持衰は髪をくしけずらずシラミをとらず、衣服は垢《あか》によごれている。しかも肉をくわず、女を近づけず、喪に服する人のようである。航海の途中病人が出たり暴風雨にあったりすると、それは持衰のつつしみが足らないからだといって殺すことがある」としるされている。ここにいうけがれとは身体に垢がついたり、シラミがわいたりしていることではなく、肉を食ったり、女と交合したり、死人があったりする場合に生ずるものである。このような考え方はその後、今日にいたるまでわれわれの生活をつよく支配したものである。

そのうちでも死穢にふれることをとくに忌んだ。人の死にあたって死者を葬るとき、その者に死穢がつくと大きな不幸に見まわれると考えたからである。だから人々はできるだけ死穢にふれないようにした。小さいムラでは死者を葬るための墓穴をほるようなこと、あるいは死体を焼くような仕事は順番におこなうか、または他村からきた養子にさせるというのが多いが、戸数の多いムラでは特別に人をやとってそれをさせたものである。これを隠亡といったが、隠亡はそのためにかえって一般から低く見られることになった。

◉念仏聖

また古い時代には道に行きだおれて死ぬものもきわめて多かったが、そういうものの死穢が行路の者にとりつくことをおそれつつ、一般人はどうすることもできなくて行きすぎたのであるが、念仏宗が発達してきてから、念仏を申すことによってそれらの死霊も成仏すると考えられるようになり、そうした死者の霊に念仏の供養をし、往生成仏を祈る念仏僧が平安時代の終りころから京都を中心にしてふえてきた。それらの中には全国に遊行して念仏をすすめ、万人の往生を祈った一遍《いっぺん》のような僧もあった。死者の往生をねがい、また一般人を死穢のわざわいから守ろうとすることにおいて、この僧たちの果した役割は大きかったのであるが、これらの僧は止住する寺を持つものがすくなく、多くは家々に門付けしてものをもらって生きていくありさまであったから、一般には一段低く見られるようになっていったのである。

これらの僧は多く半僧半俗であった。そして中には農業にしたがっているものもあれば、遊芸にたずさわっている者もあった。一四世紀から一六世紀すなわち室町時代にあってはこれらの仲間はその名の下に「阿」または「阿弥」とつけるふうがみられ、それによると連歌をたしなみ、中楽《さるがく》の能や田楽能を演じた者も念仏僧――とくに一遍の流れをくむ時衆《じしゅう》の徒に多かったことが知られる。豊臣秀吉の父も木下筑阿弥といったから、やはり時衆仲間であったと思われ、徳川家康も時衆の子孫だといわれている。おそらく一六世紀のころには時衆は関東・東海・近畿の野にみちみちていたのではないかと思わ

念仏僧（「融通念仏縁起」）

高野聖（「三十二番職人歌合絵巻」）

れる。そして戦争などあるとついていって戦死者を葬ったり、またその死の様子を家族の者につげる役目もしたようで、そうした中から多くの戦記文学も生れてきたのである。

戦国争乱の世が静かになってくると、この仲間の活躍の余地はいちじるしくせばめられてくるとともに、時には邪魔者あつかいにもされてきた。織田信長が天正一〇（一五八二）年に高野山を攻撃しようとしたその手はじめに、同九年、信長の領土内にいた高《こう》野聖《やひじり》をとらえて、近江（滋賀県）安土城外・京都七条河原・伊勢（三重県）蜘津《くもつ》河原で斬殺したことがあったが、その数が一三八三人にのぼったという。高野聖というのは高野山を中心にして各地を遊行していた時衆仲間である。いかに多くの数にのぼっていたかがわかるが、実際に在家の者になっていた数はさらに多かったであろう。つまりムラに住んで死者の葬いをしたり、死穢をはらうための祈禱をしつつ、そのかたわら農業や雑業にしたがっていた仲間である。この仲間はムラ人にとっては絶対に必要なものであった。この仲間によって目にみえない多くのわざわいからのがれ、その生活を安定することができると考えておりながら、しかも一般農民たちはこれを蔑視していったのである。

◉さげすまれる職業

つぎに人の死を処理するだけでなく、死牛馬の処理をする者もその死穢のためにきらわれた。そういうことになれば野獣を狩りする狩人はもっとひどく蔑視されたはずであるが、この方はそうでもなかった。だが『今昔物語』など読んでいると、餌取《えとり》法師の話が見えていて、野獣を狩りするゆえに罪業ふかきものとして仏をまつり、つつしみ深い生活をしていたことがしるされているから、古くは死穢をさけ、罪業消滅を祈っていたことがわかる。しかしこの方は江戸時代に入ると別に見下げられるようなこともなかったのは、弓をひくことに巧みで、戦場へも出ていくことが多かったためかもしれない。それに対して死牛馬を取扱うものの地位がとくに低くみられるようになったのは、徳川幕府の政策によるものであるといっていい。すなわち士農工商の下にさらに穢多《えた》・非人《ひにん》をおいたことがこれである。

これらの人々は小人数のときは一般農村の端に住みついていたが、多人数ならば村境・河原・坂などに住んでいたので河原者・坂の者などともよばれた。そして大きい町の近くには大きな村が存在した。大阪の渡辺村はそうしたムラで、はじめは淀川のほと

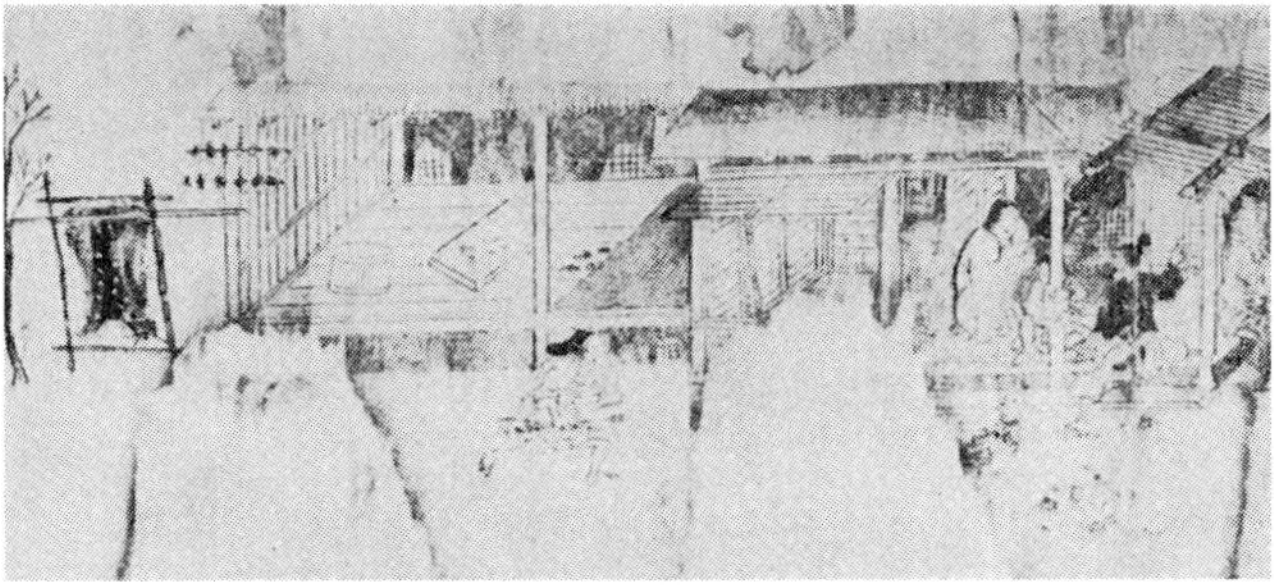

餌取りの家。鹿を狩り、皮をなめすのを業としていた。軒の左端や床の上には、食用の肉が干してあるのが見える。(「粉河寺縁起」)

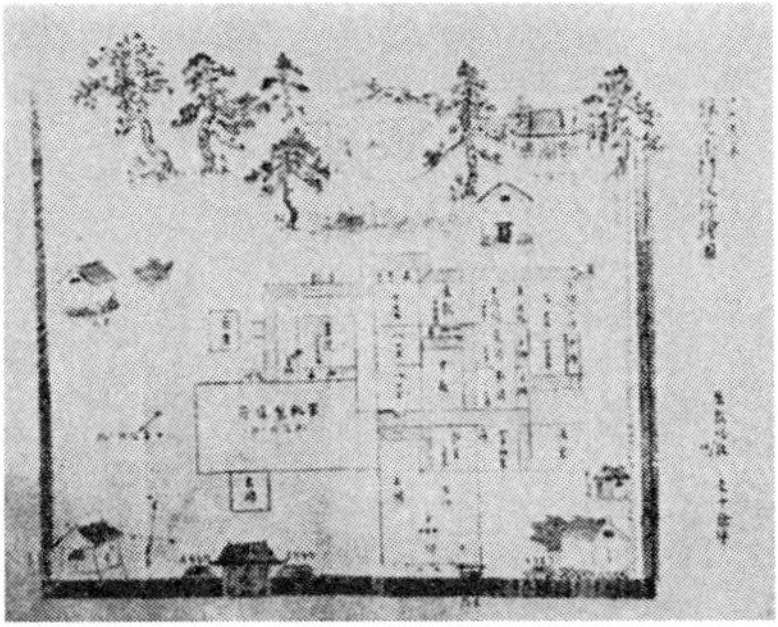

弾左衛門とその屋敷。穢多・非人の総元締。その屋敷は、1000坪の広さをもった広大なもの。

りにあったらしい。今も市内の中央に渡辺橋というのがある。それが坐摩《いかすり》神社の付近に移り、さらに大阪の南郊に移った。死牛馬の皮をはぎ、これを細工する者が多かったが、市中に火事のあるときは出ていって消火にあたった。はじめにはまといをもたなかったが、文政年中（一八一八〜一八三〇）に町奉行からまといをもらったという。

京都周辺には賤民のムラは多かった。その中にはもともと市中の加茂川原などに多く住んでいたものが後に整理されて移住したのがすくなくなかったようである。そして自分らのいやがるような仕事をその人たちにさせたのである。京都にかぎらず大きな町の周辺にはたいてい未解放部落の存在したのはそういう人たちが住んでいてくれないとすまなかったからである。これらのムラの特色は、家と屋敷があるだけで耕地を持たなかったことである。だから村域はきわめてせまいのが特色であり、農業以外の職業で生計をたてていたのである。かりに農業にしたがっているとしても付近のムラの地主の土地を借りて小作していたのである。

これらのムラの職業としては浅草の弾左衛門《だんざえもん》という穢多頭《えたがしら》の持っていた源頼朝の令書といわれる文書には、長吏《ちょうり》・坐頭《ざとう》・舞々《まいまい》・猿楽・陰陽師《おんようし》・壁塗《かべぬり》・土鍋《どなべ》・鋳師《いし》・辻目暮《つじめくれ》・非人・猿曳《さるひき》・鉢叩《はちたたき》・弦差《つるさし》・石きり・土器師《はじし》・放下《ほうか》・笠縫《かさぬい》・渡守《わたしもり》・青屋《あおや》・坪立《つぼたて》・筆結・墨師・関守《せきもり》・鉦打《かねうち》・獅子舞・箕作《みづくり》・傀儡師《かいらいし》・傾城屋《けいせいや》などがあげられている。頼朝の令書というのはもとより偽書であるが、それにしても賤業とみられたものがどういうものであったかがわかる。その中には死牛馬の処理というよりも、舞々・猿楽・放下・獅

滋賀県の未解放部落。一般の農民のように平野に住むことを許されず、このような小高い山、丘の上部や、谷地などの不便な場所に密集した村を作った。

子舞・傀儡師のように芸能をもって門付けしてあるく者が多く、そのほかでも一般民家の雑用程度の仕事をしてあるく者が多かったわけで、そういうものが賤業と見られていたわけである。そうした中にあって、大阪地方では下駄なおし・雪駄なおしなど履物の修理をする者が多かった。道具を籠に入れ、これに緒をつけて肩からかけ、あるいは二つの箱に道具をいれてこれを天秤棒でかつぎ、民家の軒下など借りて下駄の歯をさしかえたり、雪駄の裏へ皮や鉄をうちつけたりしたのである。また履物つくりをするムラもすくなくなかったのである。

そのほか死刑にされる者の首を斬ったり、あるいは磔《はりつけ》の槍をつかうのをはじめとして、犯罪者を取締り、これをさがし出す場合に、その手先となって働くのは非人が多かった。そしてそういう人たちを使用する役人を不浄役人といった。

以上のように死穢に関係するか、みずからの力では独立の生計が営めず、芸能で門付けをしたり、雑業によって民家の手伝いをしたり、民衆のために警邏にあたるような者を賤視したわけであり、そういう人たちがまた別にムラをつくって住むことが多かったわけである。これらのことについては別にまた第三巻「生業の推移」でくわしくのべる機会があるので、その方にゆずることにする。

いずれにもせよその職業のために一般農村や町家とは別に住居を定め、そのうえ低く見られてきたのであるが、この人々によって、われわれは自分たちの一番いやな思いをするものの処理をしてもらうのであるから、逆に感謝もし尊敬もしなければならなかったはずである。

事実、時宗《じしゅう》をひらいた一遍はみずから捨聖《すてひじり》といって不幸な死をとげた人々のためにその往生極楽を願って全国を遊行し、当時においては多くの民衆からひろく尊敬されたのであるが、その末流の多くが賤視せられるにいたったことに、世の中のひずみがあった。

4　僻地の村

◉僻地に住む人の劣等感

元来一つ一つのムラに上下の別はなかったはずであるが、以上のべてきたようなムラの成立の条件によって、一つ一つのムラに格式があり、またムラとムラとの性格に差があって、それがムラ同士をなかなか融和させなかった。そしてそれがムラとムラとの争いの種にもなっていった。つい近ごろ長野県最南端の南信濃村へいって聞いた話であるが、この村はもと遠山村とよび、鎌倉時代の初期には遠山荘とよばれる荘園を形成していた。ほんとうに山中の村ではあるが荘園であったということによって平野地方とかなりの交通もあり、また荘園を成立させるだけの物産もあったものとみられる。そして古くは東海道の浜松地方との往来が多かったとみられるが、近世に入るとそこからずっと北の飯田の商業圏に入った。飯田から遠山へいくためには小川路峠という一五〇〇メートルほどの峠をこえなければならない。この峠のために飯田から見ると遠山はほんとに山の中の村の感じをふかくした。そして飯田のものは遠山の者といえば田舎者として馬鹿にするふうがあった。遠山の商人が飯田の商店へ商品を注文してもろくなものは送ってこなかったという。そこで旧村を合併して大きい村をつくるとき、遠山という旧名をすてて南信濃村としたという。

職業による蔑視ばかりでなく、こうして僻地であることのための蔑視もつよく見られたのである。

佐渡の相川《あいかわ》は昔は金山で栄えた町であった。そして実に多くの人の集り住んだところである。したがってその中にはまずしく暮している者も多く、食いかねるとその子供をそこから北の方につづく海府《かいふ》のムラへ里子にやったものである。海府は農村で田畑をつくり、また海藻をとったりイカを釣ったりなどして生活をたてている。相川からみればひらけてはいなかったが、働きさえすれば生活のたつところで、すこし生活にゆとりのある者は相川からの子供を四人も五人もあずかって育て、百姓仕事をさせていた。そういうことからすると海府の方が生活もたちやすいところであったというわけだが、相川では海府の者といえば田舎者として馬鹿にしていた。そして子供たちを叱るのに「海府へやるぞ」とおどしたものであるという。

おなじような話を山形県飛島《とびしま》でもきいたことがある。飛島は山形県と秋田県の境の沖合いにある小島である。しかし海産物が多くて生活は比較的らくであった。この島の人たちはそのとれた海産物を持って対岸の庄内平野の農家をあるいて売りつける。売るといってもすぐ金をもらうわけではなく、農家へおいてくる。そして秋、米のとれたころまたこれらの農家をたずねてお金のかわりに米をもらってくるのである。両者の関係は密接なもので、飛島の人たちはこれらの農家を檀家といった。さて庄内平野のムラでは米はつくっているけれども、貧しく暮している者が多く、生れた子供をやしないきれないものだから飛島の者にもらってくれと頼む者が多かった。すると飛島では家計のゆるすかぎりもらってきて育て、家の仕事につかって二一歳の徴兵検査がすむと親もとへかえしてやったという。この制度は徴兵制度のしかれる以前からあったもので、その起源は江戸時代の初めごろまでさかのぼられるのではないかと思う。そうしたもらい子の中にはもらわれた家に男の子のないために養子に入ったというのがすくなくない。だからもらい子といっても実子とわけへだてはなかったのである。

ところが庄内平野の農家では子供がいたずらをしたりいうことをきかないとき、「飛島へやる」といって叱ったものだという。飛島ははるか海のかなたにある自分たちより一段と文化の低い者の住んでいる世界とうつったのである。

◉都会人の優越感

このように僻地や離島に住むものを、より便利なところに住んでいるものが蔑視する風習はきわめてつよい。そればかりではない。逆に地方に住むものが中央に住むものを畏敬していた。江戸時代の中ごろであったと思うが、豊竹豊後大掾《とよたけぶんごだいじょう》と名のる浄瑠璃《じょうるり》語《かた》りが江戸を食いつめて東北地方を流浪した。そして盛岡の城下まできたとき、もうどうにもならなくて不義理ばかりかさねていたので、宿屋でももてあまし、町のごろつきをたのんで談判してもらうことになった。そこでごろつきが宿屋へやってきてすごみをきかせて浄瑠璃語りをおどしにかかったところ、逆に「おれが江戸で名高い豊竹豊後大掾であることを知らないか」とやりかえされて、あわてて引き下ってしまったという話が、その日記の中にみえている。江戸という言葉におそれをなしたのである。それまでも江戸の者といえばたいていのものがおそれいって引き下ったという。江戸という地名には威力があったのである。

こういうものの感じ方はいまもみられて、東京に住んでいるものを何となくえらいように思い、東京から地方へいくと東京からきたというので何となく尊敬の念でみられる。それは今日つかわれている中央と地方という言葉にもみられる。歴史の中でも地方史というと何となく田舎くさく土くさく感ぜられる。しかも東京にいるものが地方の一地域をしらべて書いたものなど、どうも地方史とはよんでいないようで、地方の人によって書かれた一地域の歴史が地方史とよばれている場合が多いのである。戦争以前には地方史のかわりに郷土史という言葉があった。ところが郷土史は所自慢になってしまっている。地方史でなければいけない。つまり客観的に正しく地方の歴史をみていくのだということで地方史ということばがつかわれるようになったけれども、その取扱いの態度には中央に対する地方の意識がつよく、地方を卑下する見方がとられると、かえって客観的であると賞讃さえされる。

これはひとり歴史研究の問題だけでなく、あらゆる考え方の中に地方蔑視と、いうか僻地蔑視の意識はぬけがたいまでにしみこんでいるからで、その事実をもっともよくあらわしているのが馬鹿村話である。馬鹿村はたいてい山奥にある。そこから町へ出てきた男がいろいろの失敗をして笑われる話である。昔話の笑話の中ではかなりの分量をしめている。その一つ二つを紹介する。

◉馬鹿村話

田舎者の親子が旅をして峠の上までくると眼下に大きな町がみえた。そこで息子がおどろいてきいた。

「とと（父）、とと。なんとこの町は広いの。日本ほどあろうか」

「なんの、日本はこの倍ほどある」とおやじが答えた。

せまい社会に生きたものがほんのすこしひろい世界を見ておどろいた話なのである。またこんな話がある。

山奥の者が町へ出てきた。町の魚屋ではいろいろの魚を売っていた。田舎者がそれを見て「この魚はどうしてたべたらうまいか」ときいた。

「つくって食うのがいちばんよい」と魚屋はおしえた。つくるというのは刺身《さしみ》にすることである。ところが田舎者はつくるというのは作物をつくることのように考えて、さっそく魚一尾を買ってきて、それを地中に埋めておいた。いつまでたっても芽が出ないので掘ってみるとウジがいっぱいわいていた。田舎者は「ああこれを食うのか」と思って煮てたべた。

世間を知らず思慮の足りなさから失敗した話である。しかもこれに似た話はきわめて多い。そして里に住む者が山奥の村のうわさをするとき、このんでこのような話をしたものである。馬鹿村話は馬鹿村話になるまえに馬鹿聟《むこ》話があったのではないかと思う。馬鹿聟というのは利口な嫁を持った馬鹿な男が、舅《しゅうと》のところへいって嫁の入れ知恵で一度は舅にほめられるが、図にのって馬脚をあらわして失敗する話である。

舅の家で普請をおこなってその祝いに聟がまねかれることになった。嫁は聟が少々足らぬのが気になるのでいろいろ入れ知恵をして、舅が喜ぶようなほめ言葉をおしえた。聟は舅のところへいって、あれこれと家をほめた。舅は聟の言葉にすっかり感心した。

「舅殿この柱はみごとな柱じゃ。ヒノキであろう。ヒノキの柱は光沢があって品があってなかなかりっぱじゃ。ほんによい柱じゃが、ここに節のあるのがおしい。この節には紙をはっておくとよかろう」

聟は得意になって言った。舅はまことにもっともだと思った。そこで最後に廏へつれていった。廏には馬がつないであった。聟は廏をほめ馬をほめ、

「この馬はほんによい馬じゃ。まことに申し分ないが尻に穴がある。紙をはっておくのがよかろう」

といった。

こうした類の話である。多分に狂言の太郎冠者などの影響をうけて一般的になっていった笑話ではないかと思われる。それが後には山奥の者の無知を笑う話にもなっていっ

たのである。

便利な土地に住んだ者が不便な地に住む者を笑うだけではなく、大きいムラの者が小さいムラの者をも笑い軽蔑した。だから町は村よりもえらく、市は町よりもえらいように思えたのである。町村合併によって市が多く生れたのもこの意識からであった。町村合併に際して人口三万以上あり、そのうちの四割が市街を形成しておれば市としてみとめるということを基準にしたようであるが、実際にはこの基準に達しない市がいかに多いことか。人口三万に足らぬもの一三、または人口三万台の市は一四七となっていて、これらの中には大した市街地をもっていないものがすくなくない。それにもかかわらず市になるために合併をしたのである。同様に村が町になっていった。蔑視された世界からぬけ出そうとし、名目だけでも市民であることを誇りたい気持がこのようにして多くの市をつくりあげていったのである。

5　境争い

◉境界不明

このように一つ一つの村がそれぞれちがった立場に立ち、またそれが階級的に秩序づけられていると、その秩序の乱れたとき、つい争いのおこるのは当然のことであるといってもいい。とくにそういう争いのおこるのは村境や入会地《いりあいち》においてであった。

ところで村境というようなものはもときわめて不明確なところが多かった。とくに古

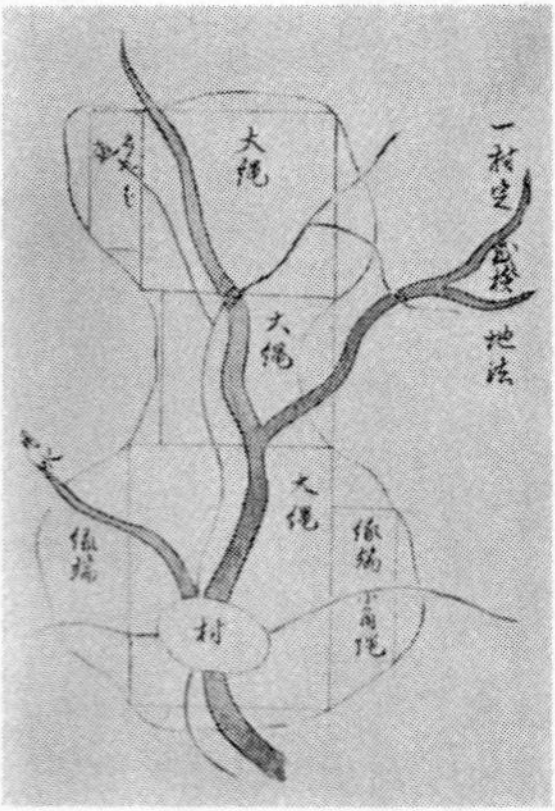

江戸時代、加賀藩でおこなった検地の絵図（「耕稼春秋」常民文化研究所蔵）

代に成立したムラ、すなわち条里制のムラにそれが見られた。ひらけつくした水田の中にかたまった集落がある。その人家のかたまっているところだけがムラではない。そこに住む人たちが生活をたてていくために田畑を耕作しているわけだが、その耕地をも含めた範囲がムラなのである。ではムラの境はどこにあるかといえば、隣のムラの者が耕しているところと自分のムラの者の土地相接しているところということになる。ところがその耕地はいろいろに入りみだれている。しかも中世以前にあっては属人主義であったから、甲という部落に住んでいる者の持っている土地がすべて甲のムラのものになり、乙の部落に住んでいる者の所有地がすべて乙のムラのものになっていた。そこでその耕地の入りみだれているような場合にはムラの境を一本の線でひくようなことはできなかった。

私は大阪府下の農村の何カ所かでムラの古い地図を見せてもらったことがあったが、水田一枚ごとに村名のちがっているところさえあった。そういうところでは村境はないといってもよいのではないかと思われた。

これは大阪府下の農村のみの現象ではなく、古くはみな相似たものであった。能登半島などもそういうところで村々の耕地は入りみだれていた。

それを村切《むらきり》といって村と村との間に境をいれ、甲村に住む者の土地が乙村の地区にある場合には乙村としてみとめる方法がとられ、飛地はできるだけ整理をおこなってから今日見るような村の基礎ができるのだが、この大事業をやってのけたのが豊臣秀吉であり、いわゆる太閤検地とよばれるものである。これによって租税のとりたては非常に便利になり効果的になってくる。そして同時に人々にも境の観念ははっきりしてくるのであるが、この区画整理は全国的に完全におこなわれたものではなく、能登半島や大阪平野のように明治時代にいたるまで入りくんだままにすておかれたところもある。そういうところでは土地の所有者同士の境争いはそのままムラの境争いになるので、村にはそうした隣村との交渉にあたる役員をおいた。それを立合《たちあい》といっているが、立合は境ぎめをするだけでなく、用水の分配などにも立ち合ったもので、そのような渉外員をおかなければ村と村との秩序を保つことはできなかった。それほど村外との交渉が頻繁だったのである。だから立合をりっぱにつとめあげたものはたいてい村長になり、村長としても成功したといわれている。

◉入会地

村の境が一本の線でひかれるようなところは近世に入ってから開拓せられたところや、人口の稀薄なところに多い。そういうところでもその初めはどこが境であるかわからなかったところがすくなくない。人がある一定の場所に住居を定めて定住し、その周囲に耕地をひらく、その土地は別に地主のいない場合には自分のものになる。ひいてはそのムラのものになる。その耕地を培養していくために草を刈って肥料にする。採草地は原野を利用するのであるから、だれのものでもない。しかもその原野がひろく、原野の付近にムラがいくつもあれば、それらの村人たちが甲乙の区別なしにそこへ草を刈りにいく。入会地はそうして成立する。箱根山麓の広大な入会地などもその初めは採草地として麓のムラの人々が利用したものである。しかしその利用にもおのずから厚薄が出てくる。山に近いものは多く利用し、遠いものは利用度がすくなくなる。そして山に近い村が何となくそこを自分の山だと思いこむようになってくる。そのことから争いがおこってくる。

佐賀県佐賀平野の北に背振《せぶり》山地があるが、ここなどもその典型的な例である。背振山地の東部をしめる東背振村（現・吉野ヶ里町）の現在国有地になっているところの大部分は、もと佐賀平野の村々の採草地であった。東背振村は旧藩時代には九カ村からなり、それぞれの村に庄屋がいたわけであるが、ムラの周囲は水田としてひらきつくされていて採草する余地はなかったから、背振山地へみな草を刈りにいっていたが、しばしば争いがおこされるので、貞享四（一六八七）年に藩はそれぞれの村に採草地を割りあてた。そうすればもう争いはなくなるはずであるが、今度は自村の割当地の外へまではみ出して刈る者があらわれ、やはり争いがたえない。中には平野の村の者が草を刈ってかえっていくのを荷が大きすぎる、草の刈りすぎだといって山麓の村の者が奪いとるような事件もおこり、それはたいへん不当だとして平野の村から藩へ訴えて出たことがある。そこでついに藩は平野の村の者に対して、麓の村を通りぬけないで行ける草刈道を草刈場までつけることをゆるしたという。それでやっと事なきを得て、明治末年までこの草刈りはつづくのである。

これと似たような話は入会地のあるところではよくきくことである。そして麓の村の者に草をうばわれたのがもとで血で血を争うようなことになるのである。

秋田県鳥海《ちょうかい》山の北麓なども由利郡の村々の草刈場として利用されていたが、採草を中心にして争いのおこることが多かった。広い原野をそれぞれ思い思いに刈っているが、それがだんだん接近してくると採草地の奪いあいになり争いがおこる。するとその付近で刈っていた他村の者がそれぞれ気のあった村の方へ荷担し、何百人というほどの者が鎌をふるって大合戦を演じたこともあるという。そこでその争いをできるだけすくなくするために、それぞれの村からなるべく他村を通らない草刈道をつけた。この道を馬道《うまみち》といっている。夏の土用《どよう》がすぎて草刈る時期になると、まず馬道の普請をして、それから草刈りに出かけていく。

東北地方には原野がひろく、村と村との境のはっきりしないところが多かったから、入会地として共同利用したところがすくなくなかったが、その利用がすすむにつれて争いがおこされてくる。

仙台藩（宮城県）ではこうした採草地を野手山《のてやま》といったが、野手山は単に草を刈るだけでなく、ワラビのよく生えるところではワラビ根をほって、その根からワラビ粉をとり、凶作のときなど食料にあてた。カヤを刈るところをカヤ野とよび、ワラビをとるところをワラビ野といったが、カヤを刈る場所とワラビの生える場所はちがっている。カヤを刈る場所は、近世初期以来、それぞれの村でほぼきまっていたが、ワラビをとるところにはきまりがない。そこで自分の割当地にワラビのすくないものは多いところへ行こうとする。一方ではそれを阻止しようとして争いがおこる。とくにワラビをほるのは凶作の年で、そういう時には血の雨の降る争いがくりかえされ、その後始末に何十年もかかるというようなことがしばしばあった。そして争いのあるたびにおたがいの権利と、その境が明確にされていったのである。

◉飛地の整理

これらは共同利用していたところへ、漸次その利用に応じて境が入れられていったのであるが、広い原野を開拓したことによって村外に飛地を持つようになった例もみられる。東京の世田谷区にはそれがすくなからずあった。羽根木町・宇奈根町・鎌田町などはそれぞれ二カ所〜三カ所にわかれていた。親村の者が親村からはなれた原野をひらいて分村したためである。この場合には、開拓によって飛地も親村のものとして認定されたのであるが、住民たちはそこが都市化していくにつれていろいろの不便を味わったのである。

そうした中にあってもっともひどい例は大阪府泉佐野市の俵屋新田であった。この地方は早く開拓されたところであるが、それにもかかわらず村境や村はずれにはすこしずつのひらきのこしの地があった。それに目をつけた佐野の町人の一人がその空閑地を払いさげてもらって開拓したのである。そして俵屋新田村をつくった。この村は東西一二キロ、南北四キロほどの間に点々と飛地をもって成立していた。このような例はまったく極端なものであるけれども、とにかく幕末まではこうして古くからできている村の間に割りこんで村をつくる余地もあったのである。それだけにまた村境を中心にして争いのつづけられたこともあった。まして二つの村の性格の相反しているような場合には、とくに深刻で、そういう例は漁村に多くみかけられた。すなわち漁場の境界争いがそれである。

これらのことは一人一人が生きていくために必要な土地を確保しようとするものとはちがい、一つのムラの維持の必要上から確保しようとする海面であって、しかも売買によって解決のつくものではなかったから深刻であった。つまり村里の中で人が生きていくためには、まず自分の家族たちの生活を守るための土地が必要であり、それらの土地を維持し、また村共同体を維持するための共有財産としての土地を必要とし、村境争いはその共有地において多くおこったのである。

そしてそのようなことから村人は多くの場合他村を意識した。こうしてわれわれはいろいろの条件の中におかれて他村に対して敵対意識を持たねばならなかったのであるが、それがすこしずつつきくずされてきたのは村人たちが土地を対象としない、すなわち村人を土地から解放する産業、農林業以外の第二次・第三次産業が発達し、その比重がしだいに大きくなってきたことにある。

6　血のつながりと村連合

◉嫁をやりとりする村

それでは村と村との間がいつも対立関係にあったかというとそうではなくて、村と村の間に連合性もみられたのである。そのような連合性はどのようにして生れたものであろうか。土地によっていろいろの条件があったようである。

その一つに通婚関係がある。ムラの中の家の数が五〇戸にたらないようなところでは、ちょうど適当な結婚相手はなかなかいない。年上だったり年下だったりする。時には全然対象のいないことがある。ちょうど近ごろの農村そっくりの現象をおこす。近ごろの農村では若い娘はほとんど都会へ出ていく。しかし農家にあっては長男は家にのこって農業にしたがっているものが多い。そこで男の数と女の数のバランスがとれなくなってしまって、ムラの中から嫁をもらうことはほとんど困難になってきた。ところが近隣のムラをさがすと相手の見つかるもので、最近では農家で嫁をさがす範囲がたいへん広くなっている。山の中や海岸の小さなムラでは昔からおなじような現象がみられたのである。

私は昭和三八年八月、下北《しもきた》半島の総合学術調査に参加した。そのときこの半島の西海岸の村々をおとずれた。西海岸は山が海にせまって平地らしい平地もとぼしい。その海岸に小さいムラが点々としてある。いまは六〇戸をこえるものもあるが、三、四〇年前まではたいてい三〇戸以下のムラであった。そういうところでは男が嫁をもらう年配になっても、適当な相手はなかなか見つからなかった。そこで海をへだてた津軽半島の方からもらった。津軽半島は平地もひろく米のできるところで農家が多い。米はできるが魚を手に入れることはむずかしい。そこで下北の人々はそのとれた魚を干物や塩物にして海をこえて津軽へいって、魚を米とかえてきた。ちょうど飛島と庄内平野の百姓との関係とそっくりである。そのようにして魚を売りにいった人たちが津軽の農家でムラの若者に適当と思われる嫁を見つけてきてくれる。私の会った福浦というムラの区長はやはり津軽から嫁をもらった一人である。奥さんと結婚までに顔をあわせたことがあるのかときいたらないという。では相手の家の家柄や苗字や娘の名まえなどきいてみたかとききだすと、それもしなかったという。今日のわれわれには考えられないようなことであった。とにかく、年ごろになって嫁がほしくてもムラに適当な相手がないので、青森へ魚をもっていく川崎船の船頭に、適当なのがあったら一人連れてきてくれないかとたのんでおいたら、よしよしとひきうけてくれて、ある日突然つれてきたのが今の家内であった。山へ仕事にいっていたら「嫁をつれてきたからすぐもどれ」というのでかえってみると、見知らぬ娘が台所にいた。そしてだまって頭をさげた。盃ごとらしいこともしなかった。しかしその夜から夫婦としてくらした。あくる日はいっしょに山へ木を伐りにいった。

「それで不足も不満も言うこともなかったのか」ときいたら「そうだろう。もう四〇年あまりもいっしょにいるが、別に大きな喧嘩をしたこともない」と答えた。

福浦の北の磯谷《いそや》でもおなじようなことをきいた。嫁にきた女の方に質問したら、世話してくれる人が魚がとれて暮しやすいところだから行ってみないかということできたのだそうだ。事実、水田で泥ンコになって働くよりはらくであった。それで息子の嫁も津軽から連れてきたと話してくれたが、実に平和な家庭であった。

こうしてムラのうちに適当な相手がいなければ村外から求める以外に方法がない。そして中にたつ人がよければ、結婚前に交際しなくても円満な家庭をいとなむことができたのである。

◉見知らぬ在所へ嫁にいく

下北半島のこのような例をとるまでもなく長野・愛知・岐阜などの山中にもこれに似た例をいくらでも見ることができた。愛知県北設楽《しだら》の山中での話であるが、八〇すぎた老婆から興味深い話をきいた。いちど嫁にいったが相手の男と気も肌もあわぬので別れて家で働いていたら、そのムラへよくやってくる小商人が「あんた、出もどりなら嫁の苦労は知っていよう。一つ嫁にいってみないか。相手の男はしっかりしてなかなかの働き者だが、その父親が、長病いで寝ている。口やかましくて困った者だが、その爺さんのところへ嫁にいくのではない。息子の嫁になるのだ。爺さんはそのうち死ぬだろうから」と言った。その口ぶりが面白いのでつい行く気になった。親にその話をすると「嫁入りぐちはいくらでもある。遠くはなれた見知らぬ在所へ行くほどのこともあるまい。もしいくのなら、今度はなかなか帰れまいからその覚悟で」と言った。自分もその気になってちょいとした他所《よそ》行着《ゆきき》物《もの》に赤い帯をしめ、小さい行李を一つ持って小商人について嫁入先へきた。台所へ上ってすわって亭主になる男の帰りをまっていると、奥でねている爺さんに大きな声でどなられた。

「おまえお客にきたんじゃなかろう。嫁にきたんじゃろう。嫁なら嫁らしゅう仕事をせえ。わしは小便したいんじゃ」

それこそとびあがるほどびっくりしてたすきをかけて尿瓶をもっていって小便をさせ、台所の片づけをはじめた。つれてきてくれた小商人も胆をつぶしてかえっていった。しばらくすると若い男がもどってきた。

「嫁にきたのはおまえか。腹がへったから飯をくわせてくれ」

といった。まるで一〇年もその家にいる者をつかうような口ぶりであった。それで「ああ私はこの家の嫁さんなのじゃな」と思った。

亭主に飯をたべさせて、老人の世話をして台所を片づけたら、亭主が床を敷いてくれという。布団はどれをしくのやら、どこへしくのやら、さっぱりわからぬ。それをきいたら、「おまえの気のむいたようにせえ、女房じゃないか」といった。その晩亭主に抱かれてねた。一〇年もつれそうている男のようであった。

「ああこの家ではわたしがほんとに必要なのだな」と思ってそれから身を粉にして働いた。病人の世話も苦にならなかった。口やかましい人であったが。そしてすぐ死ぬだろうと言われた病人がそれから十何年も生きた。その病人が死ぬとき、「われにゃァえらいお世話になった」といってくれたので長い苦労がいっぺんにけしとんでしまった。親が死ぬと今度は亭主といっしょに働いた。苦労の多い一生であったが親もとが遠いので苦しいからといって愚痴をこぼしにいく間もなかった。さいわい子供がよくできて、よくしてくれるので今は極楽です。昔の嫁入りというのはみなこんなものでした。とその老婆ははなしてくれた。

こうした山中では三里五里はなれた見知らぬ家へ嫁にいくことはそれほど苦にもならなかったようである。結局、小さいムラの中に適当な相手のあることがすくなかったからであった。

◉通婚と村連合

この老婆の話からいろいろ通婚のことについて聞きただし、また戸籍などしらべてみると、だいたい直径一二キロくらいの間で昔から嫁のやりとりをしているのである。それくらいの広さだと適当な相手が見つかるようである。

嫁のやりとりだけではなく、養子のやりとりもその範囲でおこなわれている。養子のやりとりはこの地方ではずいぶん古くからおこなわれていたものではないかと思われる。

長野県の南端、愛知県との境の天竜川の崖の上に坂部という小さな部落がある。そこに熊谷という家があって一四世紀の終りころ、ここに定住したといわれる。この家には家の由来を書きのこした家伝記があってそれによってみると、定住して三、四代ころまでの間の二男以下はほとんど付近の村の旧家の養子にいっている。男子のない家もまた多かったのであろう。こうして二、三男は養子にやり、娘は嫁に出しているが、ムラの中へ分家させたり嫁にやった例はほとんどない。一つは家の格式に応じて同格の家をさがすために村内に適当な家のなかったためともみられるが、とにかく周囲の村と血縁姻戚関係を結ぶことによって急速にムラとムラとの連合体をつくりあげていっている。中世の社会秩序のみだれきっている中にあっては、小さいムラが孤立していることはゆるされなかったから、こうして連合体のできあがっていくのは当然であったが、それにしてもやはり適当な後つぎや結婚の相手の見いだせなかったことが大きい原因になっている。

石川県白山西南麓の三ツ谷の旧家の妻女はそこからあるいて六〇キロもある福井県石《い》徹白《としろ》から嫁にきたという。三ツ谷から石徹白へは直線距離で一八キロほどのところだが山が重なりあって道がない。遠まわりして行かなければならない。およそ不便なところである。そうしたところからどうして嫁にきたのであろうか。これは男の方が所用で石徹白へ出かけていったとき一目見てほれたのだという。「ムラの中にも付近のムラにも嫁にするような女はいなかった」。付近のムラ三つをあわせても家は四〇戸に足らぬのである。山の中は人口が稀薄である。稀薄であるだけに広い地域の通婚が発達してくるとその主人は話した。

こうして婚姻による連合体は早くから発達し、それらは山中ばかりでなく海の上の島にも見られたのである。たとえば瀬戸内海には、忽那《くつな》七島・越智《おち》七島・真鍋五島・塩飽《しあく》七島などというのがある。五つなり七つなりの島の連合体がかつて見られ、今日もなお親縁関係にある。これらの島々を結合する基盤になっているものは本家を中心にした分家が各島へ在住するか、または婚姻による島相互間の連絡である。小さい島ではその島の中だけで解決のつかないような問題をいくつもかかえていたことがこうした連合をよびおこしてくる。

7 村の窓をひらく

◉神社中心の村連合

村と村を連合させていく要素はそのほかにいくらもある。氏神を一つにすることによってその氏子の村々が連合していく例はみられる。単に氏神だけでなく、神の信仰を中心にしてもっと広い範囲にわたる連合もみられてくる。

奈良県山辺《やまべ》郡の山中に染田《そめた》というところがある。そこに小さな天神社があるが、この社では一四世紀の終りころから連歌の興行があった。山中の社ではあったが付近の信者たちがこの社にあつまって天神講《てんじんこう》をもよおし、その席で連歌をつくったのである。ところが後になるにつれて講員になるものがふえて、後には大和盆地の東部の豪族までこの講の頭屋《とうや》をつとめるにいたっている。

染田天神のすぐ西にある都祁《つげ》町の都介野《つげの》というところも神社を中心にした一種の連合体が見られる。都介野のうちの友田に水分《みくまり》神社があり、この社は山中での大社として氏子の範囲は都介野・福住・針ケ別所・豊原・東里・三本松の旧諸村にわたっており、これを水分神社の郷下といっていた。ところが、この神社とは別に小さなムラのうちにもそれぞれ神社があり、その神社にも宮座がおこなわれていたが、水分神社の祭りのときは各ムラ（この山中ではカイトといっている）の神社の頭人《とうにん》たちが水分神社へお渡りをして、そこでまた宮座の行事をした。たとえば白石の者がお渡りをするときには、先頭に国津大明神という幟《のぼり》をたて、次に男、次に女太夫、次に甲冑をつけた者、次に頭人子四人——これは馬に乗り、以下徒歩で御幣・榊・鬼・天狗がしたがって水分神社までいく。

このような行列の構成はムラによってそれぞれちがっていた。そしてそれらの行列のすべてが神社へあつまると、神前でお座があり、次にこの行列が都介野一円をまわってお宮へかえり、お宮からまたムラの宮へかえっていくのである。

大きな勢力ある神社がかなり広い地域の村々をその配下において宮座を形成し、各ムラはまたムラの宮を中心にして宮座を持つという二重構造の宮座は大阪府和泉地方にもひろく見られた。それらのことについては大越勝秋氏が長年にわたってしらべた豊富な資料がある。しかもこのような信仰を中心にした村連合は近畿地方だけでなくもっと広い範囲に分布をみていた。その例を一々あげることをここには避けるが、武士たちがたがいに戦場で争いをつづけている間に、村々で生産をつづけて生活をたてている者はそれとは別に自分たちで仲間づくりをして結合し、戦乱の外に一つの世界をつくらねば民衆の平和を維持することは困難であったと思う。それらのことについては和歌森太郎教授の『中世協同体の研究』が多くの示唆を与えてくれるので深くふれないことにする。

◉寺中心の村連合

神社ばかりでなく寺院を中心にしても連合体が方々に生れているが、それらのうち比較的歴史の明らかなものに和泉（大阪府）の大念仏がある。これは和泉市の阿弥陀ケ原というところへ降ってきた阿弥陀の画像を、池田寺という寺でまつり、のちに池田寺を中心にした三六カ寺をまわしてこの地方の人々の信仰に答えたのである。この画像が天から降ってきたのは至徳年間（一三八四〜一三八七）のことで、当時の文書がいまも寺に保存されている。そして画像自体も山越阿弥陀《やまごえあみだ》像のすぐれたもので、当時の作品と見られる。この画像を天得阿弥陀如来といっているが、天から降ったという話をのぞいてはすべて事実であると見られるのである。この画像の廻仏される範囲が池田寺と師檀関係を結んでいった。もとより池田寺直接の檀家ではなく、ムラごとに小さい寺があって、その寺に檀家がある。これらの寺の多くは無住寺になっているので、池田寺がそれらの小寺の檀家の葬式など全部引きうけており、小寺に住職ができると、そのムラの檀家を住職に渡している。

池田寺はもともと池田首《おびと》の氏寺《うじでら》であった。池田首は景行天皇の皇子大碓命《おおうす》の子孫といわれ、池田郷におちついてから明治の終りまで二千年近い年数をそこに住み、池田首、池田氏、高階、伏屋と姓をかえたが、その家は一貫してつづいてきたのである。そしてその氏寺であるために寺領もあり、直接の檀家を持つこともなく、一四世紀にいたるのであるが、天得阿弥陀の画像を得てから一般在家と結びついてくるとともに、三六カ村の連合体ができあがる。そのころこの地方はまったく戦乱の巷になっており、池田寺・坂本寺など七堂伽藍を持つ大寺はみな焼かれ、それ以後もとのような伽藍の復興は見られなかった。そうした兵火のいたでをうけたことによって、この寺を中心にしたムラの連合体ができ、その自治的組織がかためられてきたものではないかと思っている。

このような信仰による村連合は当時各地におこなわれたようで、大阪市平野《ひらの》の大念仏寺でも天得阿弥陀の廻仏が河内中部の村々におこなわれていた。

このような宗教連合ともいうべきものは中世から近世をへて明治まで伝えられるが、明治大正にいたって大半が壊滅する。大きい原因は必要性のなくなったことであろう。つまり宗教によって連合しなくてもよくなってきたのである。それは大阪平野や奈良盆地における国訴によってもうかがうことができる。

◉村と村をつなぐ信仰集団

大阪平野・奈良盆地の村々は近世に入ると幕府領・旗本領・小大名領が入り乱れて領有関係は実に複雑になってくる。だから隣村同士でも領主のちがっていることがあり、

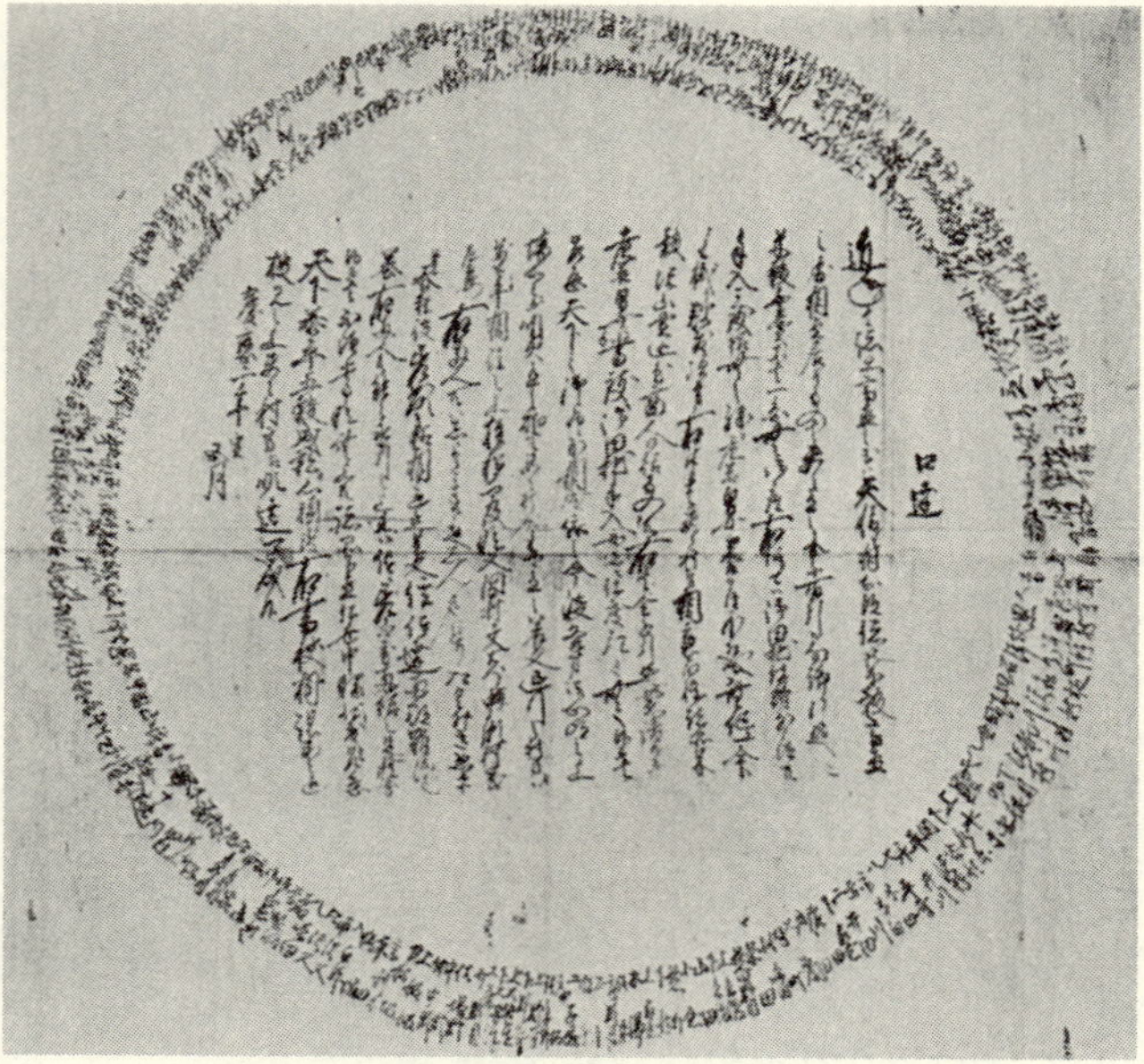

これは国訴ではないが、慶応２年の信達大一揆の時の傘連判状。多くの村々の百姓たちが一致団結していることを示したもの。

はなはだしきは一村が二人も三人もの領主によって支配されている例もみられた。それが村々の共通意識を育てていくのに大きな障害になったにもかかわらず、村人たちが利害をともにするような事件のおこったときは、すぐ連合し、各村の庄屋連名で奉行所へうったえ出ている。これを国訴といった。そうした国訴を成立させたのはおたがいの間にすでに共通感情が存在していたからであろう。

これはひとり近畿諸村の先進地に見られたものばかりでなく、各地にそれがあった。たとえば、牛馬が死んで新しい牛馬を買おうとするとき万人講《まんにんこう》をもよおして、その金をもとにして買えばふたたび不幸をくりかえさないといわれている。万人講というのは、万人の人から死牛馬の供養のために金をうける。昔は一人一文、明治になってからは一人一銭であった。「万人講でございます」といって村々をあるいて喜捨をうけ、その数が一万に達すると僧をまねいて牛馬の供養をいとなみ、供養塔をたて、あつまった金に必要な金を加えて牛馬を買う。この万人講の供養塔を徳島・岡山・大分などで見かけ、同様の伝承をきいたから、もとは西日本にひろく分布していたのではないかと思われる。こうしたことが共同連帯感を生んでいくのである。

また佐渡では島内順礼がおこなわれている。順礼姿で家々で喜捨をうけつつ島内の寺々をまわる。この順拝にもただ寺々をまわるだけでなく、自分のムラの地蔵堂・観音堂などのいたんだのを修理する費用を捻出するための順礼もある。そうした費用は自分たちの手持ちの金をあつめたのでは効果がうすく、多くの人の喜捨をうけなければならないのだと私の出あった順礼仲間はいっていた。

◉共通感情をもとめて

このようなことは佐渡だけでなく、そのほかの島にも多かったようで、対馬なども中世末以来六観音まいりといって島内の六つの観音を拝んでまわるふうがあった。そのおり、歌垣のおこなわれたことについては『忘れられた日本人』の中へ書いたことがある。

ずいぶん開放的なものであったようだ。

こうした行事が、封鎖されているムラの壁をすこしずつ破っていった。鹿児島県屋久島では信仰的なものではなかったが、屋久島まわりといって若いときに島を一巡してこなければならないものとされていたそうである。

そのとき自分に似ているものにあうとイトコ名のりとかイトコ結びということをした。「よく似ているからイトコになろうではないか」と話しあって、それから死ぬまで親類としてつきあうのである。

香川県小豆島や、山口県大島の島四国とよばれる順拝にもこれに似た風習があったようである。私の父は若いとき島四国をまわっていると、一里ばかり東のムラで自分と実に気のよくあう若者と出あって兄弟分になった。それからたえず行き来していた。ところがある日その男からオセアニアのフィジー島へ出稼ぎに行かないかとさそわれる。明治二七年のことであった。当時、海外渡航熱がさかんであったのでフィジーがどこにあるやら、そこの生活がどんなものであるやら、そういうことはいっさい知らないままに、兄弟分が助けあえばきっと成功するだろうと出かけていくのだが、その友は風土病にたおれ、そのほかの出稼者も半ば以上がたおれたために一年ほどで引きあげてきた。そして友は死んでしまっても父はその家と長い間往来していた。

ムラをめぐる壁はこうしたことですこしずつ破られていった。けれどもそういうことで村の中の秩序や村の持つ格式というような観念が容易にこわれていくものではなかっ

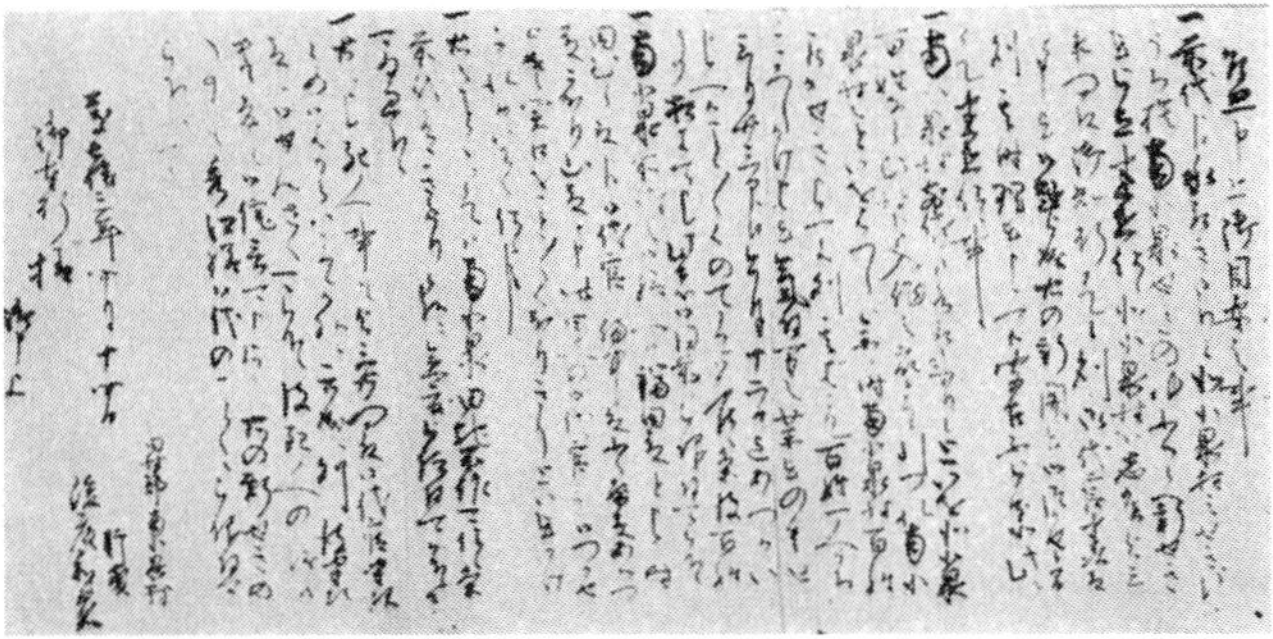

岩代国田村郡の南小泉村と北小泉村との間の用水争いの文書。これは、南小泉村側から、奉行所へ出された訴状。内容には、両村の争いから死人の出たことも述べられている。(庄司吉之助氏蔵)

た。ただ、こうした交流を通じて、村外との通婚圏は拡大していった。

　こうした連合のほかに用水路を通じての村連合も見られてくる。水の分配はときに村と村を大きく対立させることもあったが、水を平等にわけ、その用水がかりの村々が共同の恩典に浴するためにはおたがいの協力と秩序の維持が大切であった。しかも重要な大きな用水路の大半は江戸時代中期以降につくられてくる。これによって村と村との結合が生じてくる。一方ではそれがまた争いの種になったとしても、そういうことを通じてすこしずつその殻を破っていったのである。

万人講の供養塔(岡山県加茂川町〔現・吉備中央町〕)

第4章　村の生活

I　人は群れて住む

◉一戸だけの島

『裸の島』という映画があった。瀬戸内海の小さい島にたった一軒だけの家族がサツマイモをつくりながら暮している。この映画は一家族だけが群からはなれて暮すことのむずかしさをしみじみ知らせてくれた。事実この映画の舞台になった島には、たった一人の中老の男が戦後から今日までサツマイモをつくって生活している。たった一人で暮しているといっても、島以外の世界と深いつながりを持っている。生活に必要なものは島の外から買わねばならないし、買う金を手に入れるためにつくったものを売りに行かねばならぬ。病気になれば医者にみてもらわねばならぬ。一人ぽつんとおりつつ、広い世界へつながっているのである。

私は一つの島に一家族だけ住んでいるという島を今までに三つほど訪れたことがある。その一つは広島湾の中の小島である。戦後外地からひきあげて来ておちつくさきがなかったので無人島へおちついたのだという。その島にはすぐ近くの島から耕作にいってい て、かなりの畑がひらけているが、人は住んでいなかった。水がとぼしいことが大きい原因であったが、時々鼠がおそろしくふえることがある。それで住んでいても住みきれなくて親島へ引きあげたという。今住んでいる人もその鼠になやまされつづけた。もう一つ困ったことは子供の通学だった。島には学校がないので親島までゆかねばならぬ。海の荒れない限り日曜や夏冬の休みを除いて子をのせて海をわたった。一家族だけの生活がいかに不便なものであるかを痛感した。だから子供が大きくなって町で暮らすようになれば、島を出たいと希望している。

その二は長崎県五島の中の大島の属島宇々島を見た。宇々島は親島の大島で生活に困った者をクジびきでこの島へ送って生活のたちなおるまでそこにおく。島には一町四反ほどの畑があり、それを自由につくり、つくったものはすべて自分のものになる。また島の周囲の海藻も自由にとってよく、それが自分のものになる。そのうえ、島にいるので公役につかわれることもなく、島に五年もいればたいていの借銭なら払ってしまわれる。こうして親島で困った者を一人ずつ送っては財産をたてなおさせたのである。私がこの島をおとずれたとき、それまで長くいた人は親島へ帰り、新しい人がかわってはいっていた。そして主人は磯へいって海藻をとっていたので、その妻女にはなしかけたのだが、すぐ涙をおとすので、くわしいことは何一つきけなかった。群からはなれて暮すことがどんなに苦しくさびしいことか。財産をたてなおすことはよいけれども、それには一方ならぬ決心のいるものであった。

その三は壱岐島の南岸にある妻ケ島を見た。この島にはたった一軒だけの家が一二代も住んでいるのである。そのはじめは藩の命令で見張役としてこの島へ来たものらしい。それにしてもよく二〇〇年以上を住んだものだと思う。家の周囲に一町歩以上の耕地があり、薪をとるための松林もあり、魚介をとるための磯もある。住みついてみれば決してわるいところではないが、自分の持ち地だけでは二軒分は暮せない。そこで分家は島の外へ出した。

島にはこの家の耕地以外にひろい耕地があって親島の方からつくりに来ている。そういう人が五〇人もいるが広く持っている者で五反程度、たいていは一～二反くらいをつくっている。したがって昼間は島にも人影が多くそれほどさびしくもなければ不便もない。しかし夜になるとこの一家だけになる。一軒だけで暮してみると一番困るのは病人のあるとき。次に夜になるとタヌキが出て作物を荒らし、ネズミがまた作物を荒らす。稲も麦もちゃんと茎がたっていればネズミの食うことはないが、風が吹いてたおれるとたちまちのうちにネズミに荒らされる。タヌキは瓜や西瓜を食いあらしてしまう。「親島に住んでおればこういうことはなかろうに……」となげいていた。この島でも子供の教育問題は重大で、いままでは親島の親戚から学校へ通っていたが、今は親島の方へ小さい家を一軒買い、老母がついていって三人の子を学校へ通わせているとのことであった。この家も当主かぎり島居住は終りをつげるであろうと思われる。

つまりきりはなされた世界で一家族だけが生きていくということは容易ではないのである。人は群をなして住んでこそ生活も安定してくる。ことに稲作を主とする農業ともなればいろいろのことで大ぜいの協力を必要とした。まず、水が十分にあるのならそれでよいが、水が乏しければ池を掘らねばならず、あるいは川水をひいて来なければならない。田植え・草取り・稲刈りのような仕事も大ぜいでやってこそ能率もあがる。また害獣外敵もふせがねばならない。そういうことも一人では危険が多い。

◉外敵を防ぐために

四国地方の山中は家がわりあいにばらばらに散っているが、もとは三戸五戸が集り住んでいたもので、ばらばらに住むようになったのは江戸時代も中ごろ以後、すなわち二〇〇年くらいまえからで、世の中が平和になってからであろうとのことである。集って住むことによって外敵や害獣を防ぐこともできたのである。たまにぽつんと一軒はなれた家があるとすれば、それは村の仲間として一人前に待遇してもらえぬものであったという。明治時代までは一軒はなれて住んでいて、家を焼かれたり、時には一家みなごろしにあったというような事件が時折あった。

かりにはなれて住んでいてもその声が近所の家にとどくのが条件とされていた。条里田の中のムラなどもその多くは民家がかたまっている。条里制のあったところで農家の比較的ちらばっているのは讃岐平野であるが、これなども近世の中ごろ以降散在しはじめたようである。

とくに戦国時代のように戦乱の相ついだ時代には、民衆はできるだけ集って住んでいないと危険が多かっただろうし、集落が平地にある場合には一戸一戸もまた築泥《ついじ》を高くし、時には堀もめぐらさねばならなかった。戦国時代を生きた三条西実隆の日記を見ると、世の中が物騒になるにつれて屋敷の位置をかえたり、屋敷の周囲に塀をめぐらしたりして警戒を厳重にしていくさまがうかがわれるが、それはひとり京都だけのことではなかったのである。大和・河内・和泉あるいは佐賀平野の環濠垣内のごときもこのころ多く発達したものではないかと思われる。もとよりその起源は弥生式時代の住居址にも見られ、また大和当麻の環濠垣内のごときは鎌倉時代末に描かれた『一遍上人絵伝』にも出ているのであるから、徐々にその発達があったことはうなずけるが、それが戦国時代に入ると、兵庫・堺・貝塚・平野・八尾・今井・郡山などと近畿平野の諸都市に見られることになり、その周囲の集落にもおびただしく多くの環濠が見られる。

一般に平坦な水田地帯に武士の住むことはすくなかった。武士は丘陵か山地に住居する者が多かった。そこで鎌倉時代以来地方でかなりの勢力をしめていた武士の居住地付近を見ると、民家が山を背にし、まえが田または畑になっているようなところに屋敷をかまえている。時には台地の突端になっているところもある。その一つの典型的な風景は山陽線の三原から西条付近までに見ることができる。ここは小早川氏の領したところである。小早川氏は鎌倉武士土肥実平の後で、鎌倉時代の初め、地頭として安芸国（広島県）沼田荘へ下ってきてそこに住み、その子孫が多くの分家をつくって安芸国東半分

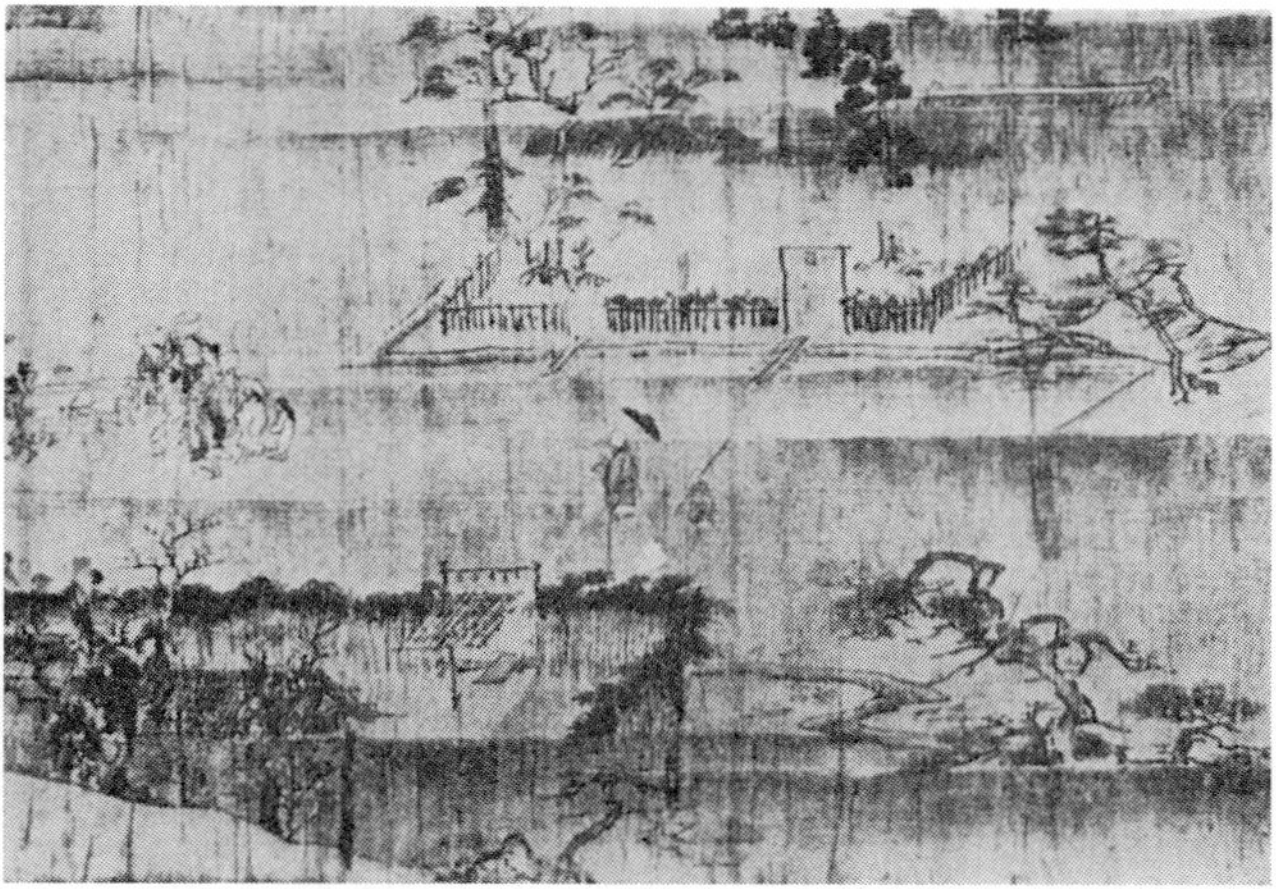

中世の環濠垣内。屋敷のまわりに濠と垣をめぐらしている。（「一遍上人絵伝」）

前に田、石垣を築き、後に山を背負っている家。愛知県北設楽郡下粟代。

に栄えた。ちょうどその領知した範囲の村々を見ると多くの家が山の麓に屋敷をかまえ、前は石垣をつきあげ、後は山を背にしている。そういう家が山麓にならんでいるのである。こうした屋敷構えの歴史は鎌倉時代以来のものではなかっただろうか。このような風景はこまかに見ていくと方々にある。熊本県の阿蘇山を中心にして分布する村々の郷士の家などもこれとほぼおなじような構えをしているし、関東平野西寄りの山地にも伊豆地方にも同様な屋敷のあり方を見ることができる。関東ではそういう家を中心にして小さい家がその下に何戸かとりまいている。つまり御方とか親方とかよばれる家をとりまいて小さいながら一つの結束をして外敵の侵攻を防ぎ生産をあげようとしたものであろう。

そういうような武家的なムラでないところでもやはり相あつまって住むことは外敵を防ぐためには重要で、山すその小さな谷口などに五戸一〇戸かたまって住んでいるムラの歴史についてしらべてみるとたいていは中世以前からそこに定住していたという伝承をもっている。これらのムラには親方のあるものもあるが、ないものもある。親方はなくても本家といわれる家がある。そして同族結合や地縁的な結合がつよく見られる。

◉散って住む場合

だが外敵におそわれる心配もなく、野獣もすくなくなってくると耕地と住居を別々にしないで耕地のほとりに屋敷のある方がよくなってくる。とくに新しく土地を開拓して住みつくような場合には必然的に家を耕地のそばへつくることになる。近世に入って開拓された新田村を見ると、家々が野や丘陵、または山の傾斜面に点在しているのが普通である。もともと密集しているところでも、分家を出すのに本家のそばには分つべき屋敷のないため、遠くの畑の一角へ家をつくらせるというようなことも多くなる。そこではひらきそえすることも可能である。武蔵野台地の村なども幕府や諸藩が計画的におこなった開拓の場合には街道にそって家をつくり、その背後を耕地にして短冊型に地割したものが多いが、そうでないところ、練馬から保谷付近へかけての自力開拓では、民家は点々として丘の上に分布し、それが屋敷林につつまれている。このような風景は武蔵野にかぎらず東北地方や九州の畑作地にも共通して見られるところであり、また越中平野のカイニョ〔垣饒〕とよばれる森にかこまれた散在住家のごときも、近世以来の開拓定住が多いようである。

つまり農民を農地のそばに住まわせるようにしたのは平和と、平和にともなう開拓の結果であったと見ていい。

が、それにしても平地や丘陵の上にばらばらに住んでいるからといって一戸一戸が孤立していたのではなかった。孤立をすればするほど、そのはなれている人たちが結束しようとしたし、また結束しなければならないようなことが多かった。農業には農繁期と農閑期があり、農繁期にはいわゆる猫の手も借りたいほどいそがしかった。その労力をできるだけ仲間同士で融通して間にあわすように工夫した。

2 村落共同体

◉共同作業

ムラというのは人が一つところにあつまって住むというだけでなく、そのはじめはおなじような仕事をしている者が一つところに住んだのである。つまり農業をいとなんでいる者は農業をいとなんでいる者同士で、漁業をいとなんでいる者は漁業をいとなんでいる者同士で、狩人は狩人仲間でというふうに。そういう意味では同業者の集団でもあった。だから一つの村のうちに住んでいる者はだいたいみなおなじような仕事をして暮していた。昭和二五年に対馬へ調査にいったことがあるが、農家へとまっていると、きまったように朝四時ごろから唐臼《からうす》をふむ音が方々でおこる。どこの農家でも朝おきるとムギをしらげる。それはその日のうちにたべるムギなのである。村じゅうの者がムギをたべている。そのムギをふむ音と同時に道をゆく人の話し声が耳につく。牛をつれて山へ草刈りにいく人の声である。朝飯をすまして流れのほとりへいくと女たちがせんたくをしている。夏の対馬の村々の朝は、どこでもおなじような風景が見られた。ただしこれは電灯のついていない村のことで、電灯のつく村には電動機がとりつけられるから、精米・精麦・精粉は、みな機械化されていて、唐臼をふむ音はきこえなくなる。

どこの家にも牛を飼っておれば、毎日そのまぐさを刈りに行かねばならぬのは当然で、それは共有地へ出かけていく。そこでみんなが働くので辛い仕事にもはげみが出た。

牛の草刈りやせんたくだけではない。海藻をとるにも日をきめて出ていった。海藻といってもいろいろある。もっとも多いのが肥料藻で、これは農作業のいそがしくならぬまえに、一村一家総出で刈りとり浜に乾してかわいたものを藻小屋へいれておき、畑へサツマイモを植えつけるとき肥料として用いる。そのほか風が吹いて波がたち、藻がきれて流れついたときも村じゅうが海岸へひろいに出る。

海藻にはそのほか、ヒジキ・カジメ・ワカメ・テングサ・フノリ・アマノリ・ノリなどいろいろあるが、これをとる日はみなきまっている。その日を口アケといっているが、口アケの日はたいてい一戸から一人は出ていく。ただしこれをとることのできる者は生えぬきの人で、他所から来た者はゆるされない。

海藻のほかにウニ・アワビ・サザエなどをとる日があり、また男たちは四艘張でカジキをとる。カジキはスズメダイのことで、とって塩につけて樽詰にしたものを六月の農繁期のときの副食物にする。またタイなどをオリコアミでひくときは村じゅうの男も女も出ていく。共有山の薪とりも日をきめてみなで出かける。

そのほか道の修理、家の屋根の葺きかえなどたいていは村じゅう総出でおこなう。

このように日をきめて村でいっせいに作業したり、共同で作業する日が一年のうちに一五〇日くらいしめているという。昭和二五年ころのはなしである。

村に山林原野や海面のような共有地があり、共同作業の発達しているところほど村じゅうでいっしょに働かなければならない。またこういうことのできるのも、みながおなじような職業をもっているからである。だいたい農家一年間の労働日数は二八〇～三〇〇日といわれている。すると一年の半分以上は一斉作業や共同作業につかわれているわけである。

ではのこりの日数で何をしているかというと、田畑を耕作している。これは一家の労力を中心にして経営している。それでもなお田打ち・田植え・草取り・稲刈りなどは自家労働では間にあわないから人をやとうか労働を交換しあって自分の家の作業がすめば相手の家へいくようにしている。こうした日数まで加えると、自分の家の者だけで作業する日数は一年のうちに数えるほどしかなかった。

このように一つのムラに住み、同一同質な職業を持つことによって、そのムラは同一の歩調をもって作業のすべてをおこなうことができたのであるが、このような現象は対馬ばかりでなく、鹿児島県の南方の島々や青森県の下北半島などにもつよく見られ、また古い漁村にも見られる。ただし、私が実地調査した範囲についていえることで、もし全国をつぶさに見ていくならば対馬や南西諸島や下北と同様な作業をおこなっている地方はさらに広い範囲にわたるであろう。そして古い習俗を多くのこしているところほどこの傾向はつよいように思われる。

◉休　み

つまりみんながおなじような生産をおこなっていたからおなじような作業を日をきめておこなったわけで、休むときにもまたおなじように休んだわけである。年中行事とよばれる日をきめた祭日はこうしておこったものであろう。

ヨーロッパでの休日はキリスト教の影響をつようけ、日曜を聖なる日として業を休み教会にいたって礼拝をおこなうことがひろくおこなわれており、それが今日では日本などにも入って、キリスト教徒でないわれわれは教会へ礼拝にいくことはしなくても業を休む風習だけは身につけてしまった。それも官公署・会社・学校などに見られるところで、一般社会にはなお十分行きわたっていないが、とにかく信仰をぬきにした休日の制度が幅をきかすようになってきた。

しかしそれ以前から日本でおこなわれて来た年中行事の祭りもやはり聖なる日の休日であった。ただ日曜とちがうところは休日の一回一回の祭りの名称や意味が異なっていることであった。正月一日（大正月《おおしょうがつ》）、十五日（小正月《こしょうがつ》）、二月八日（オコト八日）、二月十五日（ネハン）、三月三日（節句《せっく》）、四月八日（灌仏会《かんぶつえ》）、五月五日（端午節句《たんごのせっく》）、六月一日（氷の朔日《ついたち》）、六月十五日（祇園会《ぎおんえ》）、七月一日（釜蓋朔日《かまぶたついたち》）、七月七日（七夕《たなばた》）、七月十五日（盆《ぼん》）、八月一日（たのみの節句）、八月十五日（名月）、九月九日（重陽《ちょうようの》節句《せっく》）、九月十三日（後の月）、十月亥の日（いの子）、十一月十五日（油しめ）、十一月二十三日（大師《だいし》講《こう》）、十二月一日（川びたり餅の日）、十二月八日（オコト八日）といったように。しかもこれはごく代表的なものをあげたのにすぎないので、このほかになお多くの祭日があり、その祭日も地方によって差があり、したがって休む日も土地によってすこしずつ違っていたが、一つのムラの中では休む日にはいっせいに仕事を休み、仕事をしている者は禁を犯したといって非難せられ、時には制裁も加えられているのである。

このようにムラ全体が歩調をあわせて生きてきたのは一つの同業者集団だったからである。そしておそらく日本全体の農村がある時代には対馬や下北や南西諸島の村と同じようであったと思われる。

◉共同体くずれる

ところがそれがすこしずつくずれていったのは、同業者以外の者がムラに住んだり、また稼ぎのためにムラを出ていく者があるようになってからのことであった。対馬の伊奈というところの明治時代の記録を読んでいると、ムラの中の一人が学校の先生になってムラ以外の学校へつとめることになって、その人をどのように処遇すればよいかをムラじゅうの者が討議している。この若者はそれまでムラの中の一人としてムラの一斉作業や共同作業に出ていたのであるが、よほど勉強ずきの人と見えて小学校の先生の資格を検定試験によってとり遠くの小学校へ勤めることになった。するとムラの公役はこれから勤めることができなくなる。そこで当然ムラの公役人としての位置をはずすべきだという意見を出したものがある。しかし家族の者は家にのこっているのだから、やはりムラの人である。そこで弟をかわりにムラの公役に出すことによってムラ人としての資格をみとめようではないか、と話がついている。だがその人がムラの学校の先生としてもどってきたときにはどういうことになるのであろうか。

次に、明治二七、八年の日清戦役のとき出征した兵士がある。この兵士をどう処遇すべきかがムラの寄合で問題になっている。やはりさきの学校の先生のことが例に出されて。ところが先生の場合はもうけ仕事なので、ムラから出ていって公役を勤めないで金をもうけているのであるから、村の利益の恩典に浴させなくてもよいのであるが、それではあまり仲間はずしになるからというので弟の代理をみとめたのだが、今回の場合は本人の希望で戦争にいったのではなく、国のために行ったのだから、代理が出なくても公役をはぶき、また村の利益は平等に分配し、それればかりではなく、その家が仕事に困るときはムラ人交代で助けようと話をきめている。

そのうちに今度は村役場へ勤めるものが出てくる。これは自分の家から役場へかよう。この家には隠居夫婦と妻と子が家族としている。隠居すると公役仕事には出ないことになっている。実は公役仕事に出ないために隠居したのである。息子が役場へ出るからといって隠居した者が代役を勤めることはできない。といって子供たちは小さい。公役は原則として女の出役はみとめられない。するとこの家では代役を勤める者がいない。いろいろ相談のうえ女を男の七分役として妻の代役をみとめている。

村の記録にのこっている公役の問題はこれだけで、それ以後の資料はのこっていないが、村人の口碑によると、女の代役がみとめられるようになると、男の出稼ぎがはじまってくる。男は他に稼ぎに出て、女が男にかわって公役に出ていく。

ところが磯物とりはともかくとしてもオリコ網や四ツ張網に女が男とおなじように出

て働くのは困難である。そこで女が代役をつとめる家ではオリコ網や四ツ張網の仲間からはずすことになって、男の出役できるものだけが経営するものになり、ムラ全体の経営ではなくなる。

こうしてムラの共同体制がすこしずつくずれていったのである。おそらく他の多くのムラもこれとおなじような道すじをとって共同体制がくずれていったところが多いと思われる。

3 親方子方の村

◉親方の家

いままで見てきたようなムラは、ムラがひろい共有地を持ち、ムラ人の財産などもほぼ平均し、かりにその中にすぐれて大きい一軒があるとしても、その家に対して他の家が別に主従関係らしいものを持っていないような場合に多く見られたのである。

ムラの中に親方とよばれる家があり、それが大きな権利を持ち、一般のムラ人はその子方または被官などとよばれて主従関係をもっているようなところでは事情はかなり違ってくる。そういうところでは親方の家へ夫役として年に何日か使われる。それもいそがしいときに使われるので自分の家の仕事がおろそかになりがちである。そのためいよいよ貧しさからぬけ出られない。

こういうムラも山中などには想像以上に多かった。たとえば熊本県の五家荘《ごかのしょう》や五木《いつき》村には地頭とか旦那とよばれる家がムラの中に一軒ずつある。そういう家が山林のほとんどを持っている。他の地方ならそこが共有地になっている。ところがこの地方ではそれが旦那のものになっているから、薪をとるにも焼畑をおこなうにもすべて旦那の許可を得なければならない。そしてその代償として旦那の家の仕事を手伝わなければならない。だから五家荘などムラのうちは旦那と子方の二つにわかれていて、ごく最近までは子方は旦那の前へ出ると頭があがらなかったが、村内に林道ができ、立木がパルプ材として売られ、しかも山地そのものもどしどしパルプ会社などが買いとるようになると、子方のものは会社の林業労務にしたがって焼畑づくりはしなくなる。するともう旦那に頭をさげて土地を借りて耕作する者もなくなる。そのため旦那の家の夫役を勤める者もなくなり、旦那の家は急に権威を失い、旦那の家を中心にした行事は姿を消しはじめている。

しかも子方の方もたいていは賃労働者になってしまって、日々の生活が会社の山林伐採の事業などに使われていて自分の自由になる時間はすくない。そのことから古くからおこなわれていた念仏踊りなどもやめてしまったという。そしていままでだと屋根葺きなども、ムラじゅうの者が全部でカヤを刈って今年葺きかえる家へ持っていき、葺きかえの日はムラじゅうの男が手伝って一日で仕上げたものであったが、そういうこともなくなってしまった。そこで金のあるものはトタン葺きにきりかえて、ムラ人の手を借りなくてもよいようにしたが、金のない者はいつまでも草葺きのままでおき、屋根がいたんでも葺きかえができなくなっている家を何軒も見かけた。村の中の歩調がすっかりみ

近所の人たちも手伝って、屋根葺きの共同作業。静岡県南伊豆町。

だれてきたのである。

それにしても親方の制度のくずれてきたことで、ムラ人はのびのびしてきた。それと同時に離村する者もふえてき、かわって林業労務の高い技術をもった者が他から来て住みつくようになり、村のようすは急にかわりつつある。

中国地方の山中にも大きな山林地主がたくさんいた。もとは戦いなどにやぶれて落ちて来た人が多かったが、それが土豪として力を持ち、鉄山経営をおこない、製鉄のために広い山林を所有し、立木をきって炭をやき、それで精錬をおこなったのである。これらの山林地主は耕地もひろく持ち、それを小作させていたが、一般小作とちがって家をたててやり、山林にいって草を刈り薪をとることもみとめたかわりに、小作料のほかに夫役をとって親方の家の仕事をさせた。親方は鉄精錬をおこなうために実に多くの人手を必要とした。このような小作を株小作《かぶこさく》といっているが、親方の在住するムラでは小作は親方の命令に従って生きていた。こうした鉄山経営が明治に入って衰えても、親方たちはその山にスギ・ヒノキを造林して林業家になった者が多く、小作人はそれらの林業労務にしたがったり、また親方の雑木山を払いさげてもらって炭焼をおこなうものが多く、依然として古い関係が維持されているところがすくなくない。

◉子方の独立

それにしても戦後の農地解放によって小作人は自作になってきた。すると地主との主従関係は急に解体して来た。そして割のわるい親方の家の仕事をするよりは出稼ぎに出る方がもうけがよいとて急に出稼者がふえてきはじめている。だれも彼らを不利な条件でしばる者はなくなったのである。そうした村では村に若い者がほとんどいなくなり、老人と女と子供だけが残るという現象が見られる。

中部地方の山中にも親方に支配されていたムラはすくなくなかった。そして今も親方と子方関係が昔のままに残っているところがすくなくない。石川県白山南麓の白峰村（現・白山市）などもその一つで、熊本県五家荘などとたいへんよく似ている。すなわちムラの中の大きな親方の家が山地の大半を所有しており、ムラの中の他の者はその山を借りて焼畑づくりをおこない、その余暇に鍬棒をつくったり荷持ちをしたりして暮していたのである。一年のうちのほとんどは山小屋で暮すので年中行事らしいものもあまりない。冬になって里へもどって来てもまずしくて暮しがたちにくいから、平野地方へ乞食に出た者まであるという。この小作人たちを地内子《じないこ》といっていた。おなじムラといっても、広い山野をだれが持つかということによって、ムラの様子はすっかりちがってくるのである。

この山村がすこしずつかわりはじめたのは、山を焼畑のために伐採することから山があれて土砂の流出が多く、そのため下流地方では水害をおこすことがしばしばだったので、政府が大きな金を投じて治山治水事業にのり出した時にはじまる。その工事労務がたくさんあり、村人はそれに出て稼ぐようになった。そして焼畑づくりはめっきり減ってきた。親方との主従関係がうすれるにつれてムラは明るさをとりもどしてきたが、もともと年中行事に目ぼしいもののないところである。その生活は単調でしだいに山中の生活をすてて他に出ていく者がふえ、時に山中に廃屋を見かけるのである。

おなじ中部地方の山中でも、岐阜・長野・山梨にかけては大正時代に養蚕がさかんで、子方の者もこれをおこない、財産をつくって独立した者が多い。そしてそうした機会にむしろ親方たちは没落している。養蚕はおこなわず山林を売って親方の体面を保とうとしたものがすくなくなかったようである。

岩手県北上山中にも親方を中心にしたムラは多かった。そしてここではいまも親方の家で勢力を持っている者がすくなくない。やはり広い山林をもっているからである。農地は解放したが山林はそのままで、最近までは子方の者に木炭の原木を払いさげて生計の資にあてていた。最近は耕地だけは子方のものになって来ているところからしだいに子方の独立性はつよまってきているけれども、まだまだ古い形のままのところがすくなくない。

こうして見てくるとムラの中に親方の家があり、ムラ人との間になお主従関係の見られるようなところは、親方が広大な山林を持ち、一般のムラ人がそれを利用させてもらうことによって主従関係が生じ、親方に隷属しなければならなくなっている。そしてそういうところでは年中行事などもそれほど厳重にはおこなわれてはいない。

年中行事をはなやかにする力をもっているのは若者であり、若者組《わかものぐみ》の発達したところにはなやかな年中行事もある。しかし村の若者が親方の支配に属し、また貧しい家の子が地主や自作の家へワカゼ（下男）として奉公にいくようなところでは、村内においての若者の発言力が弱い。正月や盆の行事はともかくとして、それ以外のときムラ全体が歩調をあわせて事をおこなうことはすくなく、親方の家の行事を中心にして動いていくようになる。

◉人口減少

以上のようにおなじムラといってもムラ全体が歩調をあわせてたすけあってゆくとは限っていない。がそれにしても土地所有状況や生産条件がかわってくると、急にムラの古い秩序はくずれはじめる。そういう意味で平野地方における農地解放はとくに大きな意義をもっているが、山間地方で広い共有地を持つムラは別として大山林地主のいる村

大地主の多い越後平野でも、とくに大地主として知られた渡辺家の屋敷。建坪500坪は日本一。新潟県岩船郡関川村。

ではそれほど大きな変化をおこしていない。かりにおこしているとすれば、それは五家荘のように林道が通じて生産条件がすっかりかわってきたところであった。

いずれにしても同業者的な集団の中に異業がふくまれてくると、ムラの歩調はそろわなくなる。そしてそれがムラの人たちの気持をばらばらにさせていく。しかも大きい山林地主——親方のいるムラの場合の方が新しい別の要素の加わったときムラとしての結合がはやくくずれていく。つまりムラとしての統一行事が急速にほろびていくのである。これは一つはムラ結合の解体とともに離村者が急にふえてくるからである。それ以前にも二、三男の離村はつづいていた。それによってムラの人口を一定してきていたのである。それが結合の弱まるにつれて人口減少に拍車をかけてくる。日本で国勢調査のはじめておこなわれたのは大正九年であった。それから一五年たった昭和一〇年の国勢調査のとき山村の人口は急速に減りはじめていた。山村にも養蚕・伐採林業など、新しい生産事業がふえてきて古い秩序が徐々にこわれていく過程の中で、離村者が増していったのである。

だがさきにあげた村共同体結合のつよい村の場合は、その結合がこわれていっても人口はそれほど減らないばかりでなく、むしろふえていっている。対馬でも南西諸島でも下北半島でも一様に人口はふえている。そのほか北九州の肥前地方なども同様であると同時にそういうところでは年中行事なども比較的多くおこなわれている。

つまり村人全体の歩調のそろえ方の差が新しい文化の受容による変貌の上にも差を与えているようである。

4　村の結束ゆるむ

◉産児制限の意味

そこに住んでいる人がおなじような職業にしたがっているのであれば、それが共同体的な村であろうと、親方子方的な村であろうと、一年じゅうにおこなわれる生産関係の行事や祭礼関係の行事も歩調をそろえておこなうことができる。だから日常生活の中にはそれぞれ折目切目があり、それを守ることで生活にはずみができ、単調な生活にも色彩がついたのである。

「三月の節句が来たら、サクラもさいていよいよいそがしくなる」

「八十八夜《や》が来るので籾《もみ》をまかねばならぬ」

「盆が来た。田の仕事も一段落だ」

「名月もすぎたからいよいよ取入れにかからねば……」

「正月までもうひと働き」

といったような合言葉をどこの村でもきいたのである。そして労働と休日がよく結びついていた。一般の人たちは目をつぶっていてもその季節にあわせて働けば生きてゆけるだけのことはできた。ムラの中で経営の主体となっているものは一軒一軒なのだが、みんなが歩調をそろえているということで、ムラが一つの企業体とも見えるほどであった。そういう社会では一斉作業や共同作業もおのずから成り立ってくるはずである。


みんながおなじようにもうけ、おなじように働いていく限りにおいてはその生活は安定したものであったが、それにもかかわらずその安定はたえずやぶられようとした。その原因になったのは人口のふえていくことであった。人のふえるということは厄介なことであった。一定の耕地を持ち一定の家があって、耕地と家のバランスのとれているときはその生活は安定するが、家がふえてくると耕地はかならず不足してくる。そこでなるべく家をふやさないようにしたのである。二〇〇年もまえから今まで家のふえていないというムラはすくなくない。明治になって家はふえはじめたが江戸時代にはふえなかったというムラにいたってはさらに多い。とくに島や平地のムラで新しく耕地をひらく

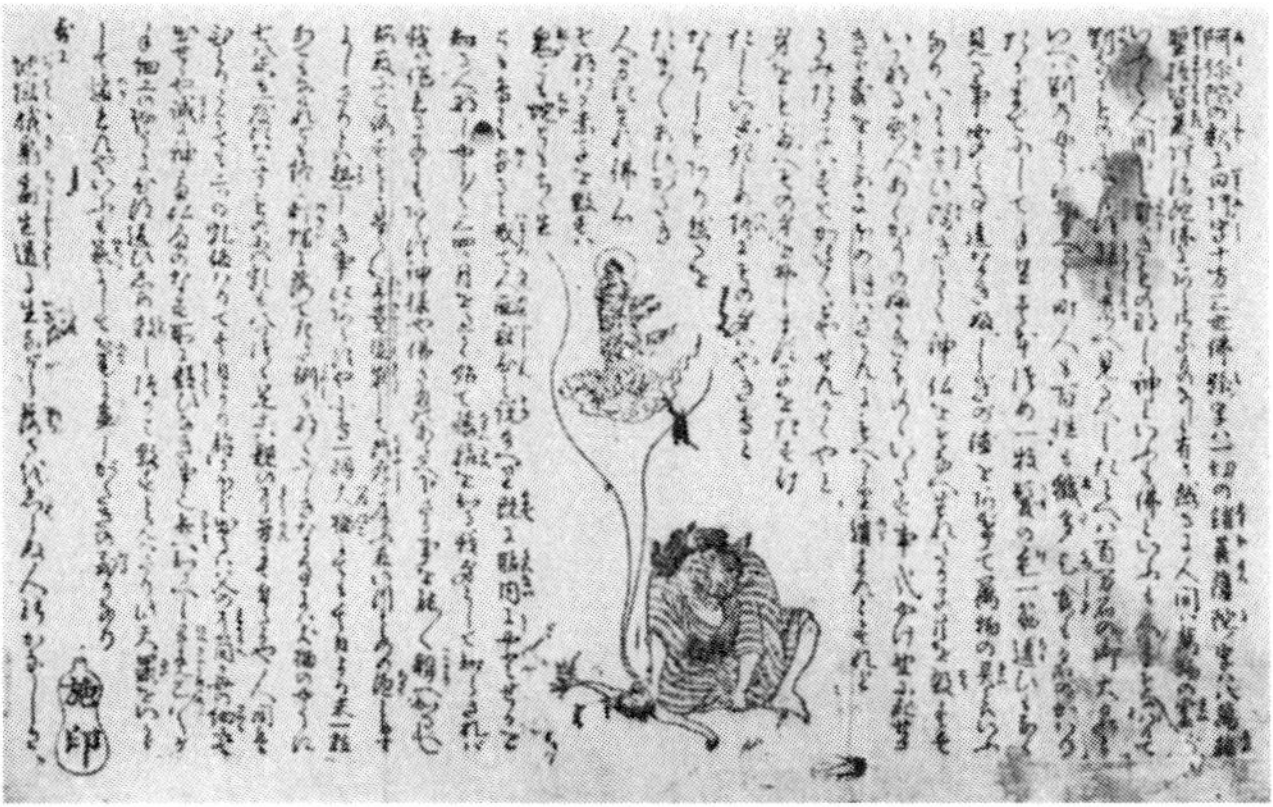

間引が罪悪であることを説いた江戸時代の刷りもの

余地のないところにその現象がつよかった。

そういうところではどのような方法で家をふやさなかったか。まず第一に堕胎や間引《まびき》をおこなった。堕胎・間引といえばきこえがわるいが、今日の産児制限である。堕胎といえば今日の妊娠中絶のことである。昔は避妊の方法は知らなかったから、妊娠後の処分方法のみがとられた。それも今日のように、妊娠して二、三カ月のうちに処分するということはできなかった。かなり大きくなった子をおろすので母体にもひびいた。中には生れ出たとき処分することも多かった。いかにも陰惨であったがどうしようもなかった。

一つ一つのムラにとって、耕地と家数のバランスのとれている場合には、一戸一戸の家では後とりの息子とその嫁がいてくれさえすればよいのだから、子供はせいぜい二人あればよいことになる。すると一軒の家に年寄り夫婦・戸主夫婦・子供二人で合計六人くらいが理想的な家庭ということになる。六人ということはむずかしくても五人から六人の間、これが日本の長い間の一つの家族単位になってきていた。

だが現実に一軒一軒を見ていくとかならずしもそうなっていない。三人の家もあれば一〇人の家もある。後とりのない家すらムラの中にはすくなくなかった。産児制限がすぎて後つぎのなくなった者もあり、母体の方の障害で子のない者もあり、また子を次々に失っていった者もある。そういう家では子供を多く持っている家から養子をもらったものである。昔は養子が多かった。各地で明治五年の戸籍を見せてもらっているが、養子の多いところでは三分の二までが養子という例がある。半分から三分の一程度ということになるとザラにある。すると子供も育てる力があれば三人~四人育ててもよいということになる。子供を養子にやる見込みのたつ限りにおいては。

●二、三男の行くえ

ところが山間地方や東北地方のように土地がやせていたり、寒かったりして生産力の低いところではどうしても広い面積を耕さなければならない。それには多くの労働力を必要とする。その労働力はどのようにして得たであろうか。村に流れて来た乞食の子をもらいうけて育てて使ったという話をよくきくのである。そのほかに多かったのは二男でも三男でもみな生んで育てるのである。そして長男には後をとらせ妻も迎えるが、二、三男の方は養子のくちのないものはそのまま家において働かせた。嫁もとってやらず、分家もさせない。下男下女同様の生活をつづけて生涯を終る。これをオジとかオバとかいっている。

　中にはまたそうした二、三男たちが村の親方の家に下男として入りこんで生涯めとらずに一生を終る者もすくなくなかった。大きな経営をおこなっている親方の家では、そうした下男下女の数が一〇人、二〇人にのぼっていた。

　こうして自分の家というものを持たないで終った男女の数は、いったいどれほどあったものであろうか。能登半島の北岸、佐渡島の北岸などできいたところでは、本百姓の家、つまり自作農家の家ならばたいていオジ・オバがいたといい、秋田県米代川流域などでもほぼ同様であったというから、東北地方の水田の多いところでは、本百姓の家の数ほどはオジ・オバがいたのではあるまいか。したがっておびただしい数にのぼっていたものと思われる。

　それらが明治になると追々家を出て分家独立し、または離村していくことになる。そうした中にあって人口もふえ、したがって分家のふえていった地方もあった。それには家族制度のあり方がまず大きく影響していたように思われる。さきにあげた共同体的な結合のつよい対馬について例をあげると、村公役とよばれる一斉作業や共同作業に出ていくものは主として一家の戸主であり、その村公役が一五〇日をこえるほどもあり、自分の家の仕事をする日はすくなかったとのべたが、隠居した者は村公役に出なくてもよい。そこで戸主は長男が一人前になるとできるだけ早く家を長男にゆずって隠居する。

隠居すれば公役に出なくてよくなるから、すべてが自分の時間になるわけで、二、三男をつれて分家し、耕地をひらいて独立するまでになる。しかもひらいた面積が広ければ郷士としての資格を与えられた。ひらいた場所はムラの共有地である。

このような慣習は対馬だけでなく、長崎県五島や鹿児島県の島々にも点々として見られたし、宮崎県南部・高知県山中・奈良県山中などにもあり、瀬戸内海地方にも点々として見られた。こうして新しい土地がすこしずつひらけていったのである。

一方、二、三男が何人かで新しい土地をもとめて開拓をすすめていった例は多い。これには大地主や町の金持ちなどが資本を出してひらかせることもあった。そのような場合には開拓した者は出資者の小作人になるわけである。

関東平野をはじめ、越後・庄内・秋田の諸平野にはそうして新しく成立したムラがすくなくないが、それらのムラは共通して貧しかった。年々多くの小作米をとられた上に、耕作している土地以外に共有地を持たなかった。共有地があるということによってその生活はうるおってくる。小作の村は地主の下風に立っているばかりでなく、親村の下風にも立たされた。たとえば水田だけでは生活がたたないから自分の家の仕事を早く片づけて地主や大百姓の家へ日雇稼ぎにいくとか、また農閑期には家をはなれて遠方への出稼ぎにも出るようになった。そういうことのさかんになって来るのは明治以来のことであるが、すでに江戸時代から徐々にそういう傾向はつよまりつつあった。関東平野などのように街道の往来のさかんなところでは農馬一頭をもって駄賃付けをする者が多く、

「村指出明細帳」など見ると、申しあわせたように「農間稼ぎ申し候」と書いている。これはただ新田村のみの特色ではなかったのだが。

そのほか新田村の貧しい者は子供が成長すると付近の地主や自作の農家へ年季奉公に出した。一年に米一石程度の報酬で、農家で働くのである。津軽平野や秋田平野にはいまもこのような風習がのこっている。

大地主の小作をおこない、若い者をワカゼ（年季奉公人）に出し、自分たちはまた農閑期に稼ぎに出るようなムラではムラの一年の区切りをつけていく年中行事もそれほど権威のあるものではなかったし、また目立った行事もすくなかった。休みの日にはせいぜいごちそうをつくってたべ、おとなはごろごろ寝て暮すくらいが関の山だったのである。加賀平野の農民生活を描いた『耕稼春秋』という農書の付録図を見てもその様子をうかがうことができるが、私のしらべてみた範囲でも新田村の年中行事は本田村にくらべてはなやかな年中行事はすくなく、それだけまた生活の低さが目につくのである。一つには人につかわれている日が多いと、自主的に自分たちの休む日をきめたり、作業の手順をきめたりすることができなくなる。そしてムラじゅうが統一ある行動をとることも困難になってくる。

◉分　家

以上のような分家の発生するほかに、西日本では分家のできる機会が多かった。近世に入ると三河・大和・大坂の諸平野ではワタの栽培がさかんになり、それにともなって糸つむぎ、機織がさかんになってくる。そして紡織の事業は船でワタの運べる瀬戸内海全般にひろがっていって子女の仕事がずっとふえてきた。また内海地方では入浜製塩がさかんになり、夏期はそこに働く機会ができた。大坂・讃岐・備前の諸平野では甘蔗もたくさんにつくって砂糖製造がさかんになり、人手はいくらでも必要になっていった。それに灯火用の油の原料としてのナタネの栽培、それにともなう製油業など、いわゆる商業的農業やそれにともなう手工業の発達が、就労の機会を多くする。そのほか大工・石工・左官・水夫など農業以外の職業もふえて、たいして農地を持たなくてもそれで生活をたてる者が出てきた。つまり二、三男は農業以外の職業にたずさわることによって、分家が可能になってきた。そしてムラの中に金銭が動くようになると、小商売も成り立ってくる。大きな店をかまえるのではなくて、天秤棒でかつげるほどの荷を持って村々を振売りにあるく。

これらの家はムラの公役をつとめることもすくない。第一、共有山へ草刈りにいくこともなければ、磯稼ぎにいくこともすくない。ムラの一斉作業や共同作業からははみ出していく。せいぜい道普請に出ていくくらいのものである。ユイとよばれる労働交換をおこなうこともほとんどない。耕地の広い家へ手伝いにいっても、自分の家へ来て手伝ってもらう仕事がない。そこで農繁期のようなときには地主や自作の家へ日雇としてやとわれていくことになる。そして賃銀をもらう。

こうして同業者の集団であったムラがしだいに解体して単なる地域集団にかわってい

きはじめ、ムラの強い結束がすこしずつとけてくる。

5　村《むら》八《はち》分《ぶ》

◉権利の主張

ムラの結束がゆるんでくるといろいろのことがおこってくる。ムラできめた休みの日に休まない者も出る。そのほかムラできめたことをやぶる者がふえてくる。とくに明治になって四民平等がとなえられるようになると、その傾向はつよくなっていった。

ところがムラの秩序をやぶられるとムラの運営に困ることが多い。ムラでとりきめられたものの権威がなくなるからである。たとえば藩政時代にはムラとムラの灌漑用水の奪いあいはさかんで、水争いはずいぶん方々で見られたものであるが、ムラの中ではすくなかった。水を管理する立会人・水役・水番などが絶対的な権利をもっていて田を見まわって一枚一枚の田に水を入れていった。そして耕作者が水役に楯つくようなことをさせなかった。ところが明治に入ってから水役の権威のうすれてきたムラがすくなくない。一つは大きな地主が自作しなくなったことに原因しているようである。今まで自作していたものを、みな小作に出して、自分は小作米だけで生活するか、または別の商売をはじめるようになる。それまで水役をつとめているのは地主が多かったが、直接耕作しなくなると水役は他の人々に移っていく。するとそれに対して難癖をつける者も出たり、また暗夜ひそかに水をぬすみにいく農民もあらわれる。そうしたことがムラの中のもめごとの種になる。ムラの中の水争いは明治以来急速にふえてきたというのが古老たちの一様に語るところである。

藩政時代に農民は武士たちから重い義務づけばかりされていた。ところが明治になると義務に対する権利もみとめられて来た。そこでその権利を主張しようとする者がずっとふえて来た。これは最近の状況とたいへんよく似ている。われわれは戦争中いろいろの義務や責任を負わされてほとんど自己の権利を主張することをゆるされなかった。そうした束縛が敗戦の結果、すべて取り除かれて、生きていくためのいろいろの権利がみとめられた。そして権利に裏づけられた義務の方はどこへやら消えてしまった観があった。目にあまるようなことがあっても法にふれなければ黙認されたのである。最近の交通事故などはそのよい例で、事故による一年の死者は日清戦争当時の戦死者の数よりも多いそうである。それらのほとんどが過失という名のもとに被害者に若干の金を贈るだけで、加害者の方はたいして罰せられもしない。そしてそういうことが交通道徳や社会秩序を乱していく。

明治初年にもそうした現象が方々にあらわれた。そしてそれぞれ自己の権利を主張する者がムラのそれまでおこなわれていた慣習をやぶっていった。ムラの秩序をやぶるような者は多くは新しい法律を生《なま》かじりながら知っていて、それを利用した。だからムラの中の事件はたいてい法律問題としてまずあらわれて来た。それも土地の所有に関係する主張が原因しているものが多かった。

佐渡できいた話だが、ある農家が持地の端に一坪ほどの空地があったのをとり入れて水田にした。もともとそこはムラ人の休み場になっていて休み石もおいてあった。山稼ぎした人たちがそこまでもどってくるとひと息入れて雑談などしたところであった。ところが古い図面を見ると休み場は書いてなくて細い一本の道がひかれているだけである。そこでその空地は自分のものだと言って、百姓が自分の水田の中へくり入れてしまったのである。そこでムラじゅうの者が怒ってたびたび寄合をおこなって、もとのようにしてもどせとその百姓にかけ合ったが、頑としてきかない。古地図を楯にして相手はゆずらない。ムラではその百姓をハチブにした。つまり仲間はずしにしたのである。するとその百姓は親戚その他を語らってハチブをやぶり、親戚知友と自由に交際したからハチブの効果はあがらず、ムラの中は二つにわれてしまった。そこでムラの側は訴訟をおこしたが休み場の習慣だけでは証拠にならず敗訴した。そのまま引きさがったのでは提訴した方が間違っていたということになるので控訴したのである。すると今度はその百姓の方が敗訴した。百姓はそのためまた控訴した。裁判所では実につまらぬ事件なので示談和解させようとしたが、どうしても承知しない。ごたごたのつづいている最中にとうとうムラの者が相手の百姓を傷つけてしまって収拾のつかない事件になり、一八年の長い間、争いつづけたという。仲裁に立った人の話によると実に他愛のない話で、結局は酒一升買って仲直りをしたというのである。

それほどはげしいものでなくても明治二〇年代から三〇年代にかけて、佐渡だけで三〇件をこえるそうした争いがあったとその老人は話してくれた。みな法律を楯にして自己の権利を主張したところからおこった事件であった。そしてそれは全国的に見られた現象でもあった。そういうことがもとになって古い秩序のくずれていったことは大きかったが、しかし国全体から見れば、そのようなことだけで日本の村全体が変貌したとはいえない。それほどまだムラの中の古い秩序はかたいものであった。それにしてもムラはかわっていきはじめたのであった。

◉村ハチブの流行

私がさかんに村々をあるきはじめたのは昭和一四年からであった。昭和一四年は明治七二年にあたるから、明治元年に生れた者は七二歳である。八〇歳以上の人であれば明治以前の様子も多少知っている。そこでできるだけ八〇歳以上の人にあうようにつとめて話をきいてあるいたことがある。この老人たちの何人かが「昔はよかった」ということを口にした。その理由は昔は人情が厚かったということである。ムラじゅうのものが一家のようで、みなたすけあった。それが明治時代になるとだんだんみんなの気持がちぐはぐになり、ムラの掟をやぶる者がふえてきたというのである。そのためムラハチブをしなければならなくなった。ムラハチブなどということはずっと昔にはなかったものだという。ムラが共同体として、あるいは親方を中心にしてかたく結束して一つの有機体として動いていたときにはムラの秩序をやぶる者はなかったであろう。それが明治になるとムラの団結がすこしずつこわれて来て、秩序をやぶる者が出てきた。そこで秩序をまもるためにハチブがおこなわれるようになった。

法律を楯にしてムラの秩序をやぶっていくような人は実力をもっていたから、ハチブにされることはすくなく、多くの場合は権利を主張する者のいい分に不服を持ちながら屈している。しかし力のない者が抵抗すればハチブの効果は大きかった。

ハチブというのは村のつきあいを一〇と見て、そのうち火事のあった時と死人のあった時を除いて他の一切のつきあいを絶ってしまうことで、一種の仲間はずしである。先にもあげたが、人が一軒だけで暮していくのは容易でない。たくさん家のあるところで一軒暮しをしなければならないのは気持の上の負担が大きくてさらに困難になる。そこでたいていは仲裁人をたのんで詫びを入れたものである。

ハチブにされる者について見ると、わがまま者でムラの掟にしたがわぬというのが一番多い。休みの日に休まず、公役は勤めず、祝儀不祝儀のつきあいをせず、共有山へ口アケ以外のとき草刈りや薪とりにいったというようなものである。次には盗みを働いたり、他人の田畑を荒らした者、人を殺傷した者、他人の女房と私通した者などが多い。

そうした事件のあり方の中にムラの古い秩序がどんなにしてこわれていきつつあったかがわかると思う。しかしそうした処置をとるにしても実にむずかしい問題があった。ムラの人はこのんで自分たちの仲間をおとしいれたくはなかったからである。

瀬戸内海のある島での話であるが、ムラのうちに手くせのわるい男がいた。ムラの中でよく物がなくなる。するとその家から盗まれた品物が出たり、また盗みにはいるのを見かけたりすることもある。ムラの者が三人五人あつまるとその男をハチブとしてはという話が出た。その家は別に貧乏ではない。他人のものをとらねばならぬ理由もない。だが、その家の近所では鎌がなくなった、鍬がなくなった、乾していた大豆がなくなった、というようなことが絶えずおこった。そのあたりでミカンの栽培がさかんになってからは、ミカンまで盗まれるようになった。ミカンはムラで一番金になる大事な作物なので、これが盗まれるようになると、ムラの者ももう三人五人かげで非難するだけではすまされなくなり、村寄合にかけることにした。しかしムラの役員たちは、いったんハチブにすればその人の生涯ばかりでなく、一家の者に傷がつくというので、村寄合には、近ごろ盗難が多いので、ミカン倉庫をはじめ山小屋などにもすべて錠をかけるようにしてほしい、また家々でも昼間もできるだけ留守にしないように、留守をするときには必ず近所の老人などがいる家へ声をかけておくようにと総代の方から提唱した。そしてムラ人全体もそれを諒承して実行することになった。すると盗難はずっとすくなくなった。したがってムラハチブは実行しなくてよくなったのである。だがどこの家でもみな戸じまりを厳重にしはじめたことは今までにないことであった。

◉村ハチブの効果

これとは別にハチブをしたことによって、ハチブにされた者よりも、ほかの者が犠牲になった例がある。これは山口県のある山中のムラでのことであるが、夫が出稼ぎして留守がちの家の女房と私通した男がある。目にあまることなのでハチブにしようということになったが総代は反対した。いったん傷つくと和解した後もその家はいつまでも白い目で見られるからである。しかしムラの人たちに押しきられて寄合にかけた。そして私通した男は当然ハチブになった。ところが女房を寝とられた男はその女を愛していて別に離縁しようというのでもなく夫婦としての生活をつづけていた。世間はその男を女房を寝とられた男として見る。その男はムラに居たたまれなくなって女房をつれてムラを出てしまったのである。

「ハチブにするということは実にむずかしいことです。だから少々目にあまるようなことがあってもそういうことはしなかったのです」と、このハチブをおこなった当時の総代だった人が私に話してくれた。

ハチブ以外にも土地によっていろいろの制裁法があった。新潟県下ではヌスビト送りということをもとはよくおこなった。物の盗まれたとき犯人が見つからぬと、人形をつくってムラ人が盗みの現場へもっていって祈禱をおこない、そのあと人形を竹槍などで突きさして捨てる。すると犯人はきっと目をわずらったり手足がいたんだりしてくるという。また大阪から和歌山地方へかけてはムラの秩序をやぶった者をムラはずれに小屋掛けして住まわせることもあったし、ムラバライとしてムラから追放することもあった。

しかしそういうような制裁は一つのムラに五〇年に一回か一〇〇年に一回、それもないムラの方が多いので、国全体から見ればほんのわずかであった。それが明治になってふえたといっても、あのムラにもあった、このムラにもあったというようなものではなかった。またかりにハチブにされかけても寺の坊さん、お宮の神主などムラ人に尊ばれつつ、ムラの政治にはくちばしを入れない人をたのんで酒を買って総代やムラの重立《おもだち》にわびてもらえば、たいていの場合ゆるされたのである。

こうしてムラハチブが効果をあげるようなところなら、まだムラの中に古い秩序が保たれていると見ていい。がそのムラハチブもきかないムラが今日ではずっとふえてきた。ムラの中の職業が雑多になったり、他所者の入居が多くなり、また村外で暮すことが自由になったところである。

6　村結合から人の結合へ

◉いろいろの講

同業者集団としてのムラにちがった産業がとり入れられたり、他所者が住みつくことによってムラの中の結合関係がすこしずつかわってくる。

ムラつきあいの中で一番大事な行事は死者の処理である。いわゆる葬式がそれであるが、これは悲しみにみちた一家の者だけで処理することはむずかしいから、隣近所の手助けをかりる。そこでムラの中にさらにいくつかの組をつくり、その組内の者が世話をすることにしているのが普通である。葬式組・葬《とむら》い講などといっている。

ところがムラの中に宗旨のちがった寺が二つある場合に、この関係はすこしちがってくる。葬式組は地域集団であるから、一応宗旨にはおかまいなしに組まれている。ところが宗旨がちがうととなえるお経もちがってくる。葬式の仕方もすこし違ってくるので宗旨のちがったものはだまってきいているが、死者と同宗のものは坊さんに調子をあわせてとなえている。また葬い組とは別に宗旨によって講が組まれている。真宗ならば尼講、浄土宗ならば念仏講、禅宗ならば観音講、真言宗ならば大師講が多い。女たちがお寺に集って講をいとなんでいるものもあれば、在家をぐるぐるまわって集っている者もあり、講仲間の者は死者のあるときはたいてい手伝いに行く。この講は地域的なものではないから葬い組以外の者が手伝いに参加することになる。

つぎに大切なのは経済的な助けあいである。生活に困った者を親方の家が見てやることもあるが、強力な親方のないムラでは貧困者の親戚や知人が集って金やら物を出しあって面倒をみる。そしてそれをすこしずつ返させる方法をとる。頼母子講《たのもしこう》がこれである。無尽《むじん》ともいっている。頼母子講は地域的なものはすくなく、有志の講になる。金銭の貸借だけでなく、屋根の葺きあいを目的にした萱講《かやこう》・普請講のようなものがあり、膳椀や布団を整えるための膳椀講や布団講、あるいは漁民が漁船をつくるための船頼母子もある。多くは有志によって仲間がつくられている。

またムラの中に農業以外の同業者がふえてくると、その人たちの集りが生れてくる。大工は太子講を組んで聖徳太子をまつり、いろいろの規約をつくっている。賃銀なども仲間できめておく。商人は恵比須講を結んでいる。そしてそれぞれ日を定めて集っている。

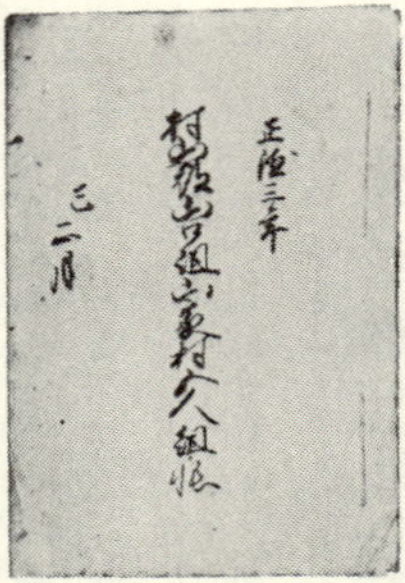

五人組帳。羽州（山形県）村山郡山家村のもの。（「同村山口家文書」史料館蔵）

頼母子講の入札風景

そのほか代参《だいさん》講もある。伊勢へ参った者や伊勢を信仰する者は伊勢講をつくっている。火事のないようにとて秋葉《あきは》講や古峯《ふるみね》講を組み、静岡県の秋葉山・栃木県の古峯神社へ代参を送っているムラも関東・中部地方には多い。

このような講はすこぶる多いのだが、ほとんど信者によって結ばれていることが特色であり、信仰を通じて親睦関係が結ばれている。この仲間は信仰以外に別に助けあいの規約などもうけていないけれども交換労働（ユイ）をおこなうようなときにはこうした仲間にたのむことが多かったという。

講の中にも地域的なものも見られた。東北地方に多く見かける契約または契約講というのはそれである。それぞれの地域の中で葬式もおこなえばいろいろの講もおこない、また田植えなどの助けあいもしている。これは長い間人家もふえず、ムラの中に大きな変化がなかったからであって、そういうところではいろいろの信仰がはいってきても有志だけで集りを持つというようなことはすくなかったのである。

ところが人家がふえてくるとこの関係はくずれてくる。そのよい例に五人組がある。五人組は普通は地域ごとに五軒の家が組んでいる隣保団体である。藩政時代には藩領や幕府領の行政の最末端として利用されたもので、五人組の中の一人が租税を納めかねているというような場合には、他の四戸が責任を負っておさめなければならなかった。また五人のうちの一人が失踪したというようなときにも、仲間の者が探し出さねばならなかったものである。そして毎年正月の初寄合のときに庄屋や名主から五人組規約、すなわち五人組として守らねばならぬことを読みきかされたものである。したがって五人組は講のような自治的な集りとはいえなかった。

この五人組は人家のふえていくたびに組みかえをおこなわねばならぬ。しかし、それは面倒なことである。家がふえるといっても分家によるものである。ところで分家は本家のそばにできるものとは限らない。適当な屋敷がなければ村のはずれに分家する。そうした場合に、この分家は地域区分をこえて本家の五人組に加入する場合が多かった。だから五人組の分布図を見ると入りみだれているものがすくなくない。五人組だけでなく葬い組なども分家のふえることによって、仲間が一地域の外へはみ出している例をしばしば見るのである。

◉親方どり

ムラに古くから親方の家があり、それがつづいており、分家や子方との間に主従関係のつよく見られるようなところには烏帽子親《えぼしおや》・烏帽子子の習俗はそれほどつよく見いだせないが、ムラのうちの中世以来の親方の家が早くおとろえ、かわって落人の家とか、あるいは新興の家が勢力をもってきて、しかもなお古くからのムラの制度に大きな変化のないようなところでは、名主や庄屋をつとめるような家の旦那と烏帽子親・烏帽子子の契約を結ぶふうがすくなくない。女にはまたカネ親・カネ子・筆親・筆子などの風習が見られた。

子供が一人前になったとき、たいていは一五歳から一八歳までであるが、藩政時代には前髪をおとして月代《さかやき》をそり、名も子供のときのものを改めて大人の名前にした。これを元服といった。そのとき子供がこれからさき、いろいろの災難や不運に見まわれたときのたすけになってもらい、また子供が世の中へ出ていってから肩身のせまい思いをしないように、ムラの有力者のところへ親をたのみにゆく。すると親になった者は子方のいろいろの相談にものってやり、困ったときには助けてもやる。そのかわり子方の方は盆正月には贈物を持って行き、また親方の家のいそがしい時は手伝いにいく。

村のうちにはそうした親方の家が何軒もできる。力のある者なら子方を持つことができる。新興階級でも太っ腹で人の世話をよくするような人は、多くの子方を持つのが普通であり、親がある親方の子方であったから、その子もおなじ親方の子方でなければならぬということはない。すなわち譜代的なものではなくて多くは一代限りのものであった。しかし子が親と同じ親方をえらべば別である。

このような関係はもともとは武士の間に多く見られたのであろうが、武士の落人などの村定住が一つの原因になって、ムラの中にもひろがっていったのではないかと思われる。ところが後には博徒などの間にひろく流行を見るようになっていった。博徒ばかりではない。人が人を使役する社会、建築・土木・荷役・交通運搬などを業務とする社会全般にこれが見られた。この組織をこわしたのは敗戦後日本に進駐したアメリカ軍の力であったといってもいい。

だが、そういう組織はまだすっかりくずれ去っているとはいえない。今日の保守政党の中にもそういう雰囲気が多分にのこっている。同時に政治家の中にはやくざの世界につながっている者もある。日本の社会に見られるいろいろの派閥の根底にもこうした古い慣習が根づよくのこっているからにほかならないと思う。

ではどうして親方・子方のような関係が生れ出たのであろうか。ムラが共同体としてつよく結ばれているときには仲間の一人をも没落させまいとする配慮がつよく動いていた。

さきに書いた頼母子のようなものでも結合のつよいムラでは、ムラの者が金や物を出しても返還を要求しない例が多い。また分家するような場合にも村の者があつまって家を建ててやり、親が分けてやる農地のほかに、ムラからも未墾地を何段か分け与えて生活のできるようにし、分家して三年の間は新壁《あらかべ》三年といって税金もおさめさせず、ムラの公役にも出させないで、村人として早く一人前になるように仕向けていたところがすくなくない。そしてできるだけ同一歩調であるこうとした。つまりムラ自体が社会保障の役割をはたしてきたのである。

ところが、そのような結合がゆるんでくるか、または主従結合のつよいようなムラではムラ結合の力にたよるのでなく、ムラの中の力ある者の力にたよらざるをえなくなってくる。それほど一戸一戸の自活する力は弱かったのである。そしてほんとうの社会保障制度の確立されぬ限りは、こうした関係はなおのこっていくのではないかと思われる。

◉共感と結合

しかもなお社会保障的な結合が擬制的な親子という関係で結ばれなければならなかった以外に、地域的な社会結合にからんで血をおなじくする同族的結合がつよかったことも見のがしてはならない。その初めにあっては血をおなじくする者が一つところに住んで地域社会をつくったのであろう。そしてそういうものがいくつか集ってムラを形成したのである。ムラによっては血縁者の分裂によってできていたものもあったであろう。血縁集団が同一の地域に住むということは結合形態としてはもっとも強いものであっただろう。

ところで葬い組のことをもう一度振りかえってみると、死者があって、死者を葬る準備をし、僧を迎え、会葬する村人の世話など一切するのは地域的な葬い組の仕事であるが、死者の親近者はこれにタッチしないのが普通で、親近者はむしろ死者のそばにいて悲しみをともにする。葬送にあたっても棺をはこび供物を持ち棺側の近くにいる。おなじ死者の世話をするといっても、親近者と近隣者とはすっかり別になっているのが普通であり、葬送事務の指揮をするのも親近者ではなく、多くは近隣の代表者である。これに対して血縁者は死者の延長として振舞う。

この同族的な結合関係を血のつながらない間にも生かそうとしたのが擬制的親子である。それがもっとも親密な人間関係と考えられたからである。

いずれにしても人はその共感を持ち得るものによって社会を形成することが、一番平和であり安心ができた。だから共感をよぶあらゆる人間的な関係が人間社会の結合に利用された。

年齢の近いもの同士が集団を組むのもその一つである。年寄仲間・カカ連中・若者組・娘組・子供組などは同齢的な集りであり、そうした集りを持つことによって助けあってきたのである。このような集団形成の歴史も古い。そしてそれが擬制的兄弟関係をも生んでいった。この場合は家門格式が高かったり、勢力のあるものが兄になるのではなく、年齢順によるのである。しかも村の中に親方子方制のあるところで、子方同士の者が必ずしも兄弟関係を結んでいないのは興がふかい。子方の者は一人一人が親方についているのである。

ところが村内における擬制的な兄弟関係はむしろ若者宿をおなじくするようなところ

若者宿。静岡県河津町。

に生れている。もとより宿を借りている場合には宿の主を宿親として親子関係は生じてくるが、烏帽子親などよりははるかに親近感をもったものでありつつ、また宿親が宿子の経済的な援助までするようなことはすくなく主従的なにおいのないのが普通で、そういう人的関係の中で兄弟の契りが結ばれている。

村の中における擬制的な兄弟分は気のあった者同士の協力が根底で、それによって他の大きな勢力に対抗しようとするようなものではなかった。

若者組なども年齢が超過して組から脱退すれば、組そのものとは無縁になる。がこうしたもろもろの人間的な結合に支えられて人は生きてきたのである。

しかしこれが博徒などの間では同一の親分を持つ者はすべて兄弟分になっており、

いわゆる何々一家としてつよい結束を見せ、親分に忠誠を誓っているが、農村における擬制的な兄弟関係は本人同士が結束しあうだけで、それによって親方に忠誠を誓うようなものではない。もっと個人的な意志の尊重された結合であり譜代的なにおいもない。ただ一人一人が生きてゆく上に、すこしでも安定を得ようとして血縁者以外との結合手段として生れた慣習にほかならぬ。

第5章　村から町へ

1　群の絆

◉世間体

ムラの中の生活は徐々にかわって来たといっても、人々が安心して生きていくためにはいろいろの人と人との結びつきを必要とした。それほど生きるということは不安定であった。国家とか社会とかが個々をこえた連帯感にたって保障する制度が長い間確立されていなかったからである。だから社会的にも経済的にも一番不安定なところに親分子分のような結合関係も残存しているのである。

といって、おなじような職業を持ち、おなじような場所に住み、おたがいの家のことを知りつくして日々の仕事をしていくことは大きな安定感を与えるにしても、同時にその束縛から解放されたい気持にもかられる。

そしてこのような人間的な結合をわれわれはすぐ封建的などと規定してしまうけれども、同じ場所で同じような仕事をし、また同じような場所に住んでいれば、人に見られない私生活を持つことはむずかしく、それはひとりムラの中の問題だけではない。

昭和三八年一〇月一日の『朝日新聞』の「ひととき」欄を見ていると次のような記事があった。

このたび私は、はじめて「社宅」というところに住むことになり、社宅の個人主義の冷たさに何となく味けないものを感じ、毎日を送っています。主人の勤務先が皆同じである社宅にあっては、どうしてもあるところで一線を引かないと、家庭内のことまでわかってしまうため、皆さんとても親切に気持よくお話なさいますが、どうしても心の通じあいができないのは、なんとしても情けないお話です。

ご近所におめでたいことがあればお祝い品をあげ、ご不幸があればお見舞し、礼儀作法はエチケットの本以上でございます。これで本当の人間生活といえるのでしょうか。以前住んでいた私営のアパートでの、何でも誰とでも話せるあのふんいきがとてもなつかしく、社宅の安いお家賃にかえられぬしあわせな日々であったかと、今さらのように思い出されます。物干し場のかたすみで、お三時をいただきながら、昨夜のけんかのことから、晩のおそうざい、社会の出来事、はては政治のお話などもとび出しました。こんなダベリがなくなった私の今の社宅生活から見て、あれも心の通じあいの大切なつながりの一つだったと痛切に感じられます。

このやりきれなさは社宅住いの経験のある者にはよくわかると思う。同時に社宅住いが封建的といわれるムラの生活とどれほど差があるだろうか。男はおなじ職場に勤め、家族たちはおなじ場所に住む。社宅とムラの差は、前者は方々からの人の集りであり、後者の場合はそこに血のつながりのある者もおり、また長いつきあいの中から生れた人のつながりもある。そうしたことからくる気安さがあるが社宅にはそうした人間関係はすくない。

社宅では男が同一の場所に勤め、家族が同一の場所に住むことによって、各家族の者たちは何でも同一であろうとする。一軒の家にテレビのアンテナが立てばすべての家にたちまちのうちにたてられる。電気器具の普及などもそれほど長い時日を必要としない。そして夫は妻からたえず会社での位置を云々され、それによって評価される。私は私の知人たちからよくそういうことをきかされる。一番文化的な生活をいとなんでいる者と、一番封建的だといわれている者の生活に本質的には何ら差のないのが普通である。同一の職業をもち、同一の場所で働き、同一の場所に住めば、それが同志的な結合を持った人々であればともかく、単なる地縁集団的なものであれば、ムラ以上の窮屈さが生れてくる。ムラから出てきた人たちが多いのだからそれぞれムラの生活意識を持っている。そしてそこでは異端者になることをゆるさない。

◉ムラ生活の拘束

ムラの中で異端の生活をすればムラの秩序は乱れる。そこでムラハチブもおこってくる。そこでムラの秩序の中にとけこめない者はムラの秩序を破るか、ムラを出ていくよりほかに方法はない。ムラの秩序は個人の力ではなかなか破れるものではなく、かりに破ったとしても、それがムラを新しく前進させることにはならぬ場合が多かったのは、明治初年の村々の訴訟問題からもわかる。そうした時代をくぐりぬけてきた老人たちは一様に世の中が住みにくくなったと言っている。古い秩序を破るための争いが世の中をギコチなくさせていくようである。

そこでムラの多くの反逆的な分子は郷里をすてた。「予言者は郷里にいれられず」という言葉が出ていく者のほこりを傷つけなかった。中にはまたふるさとのみじめな生活からぬけて、異郷で自分の新しい地位を築こうとした。ムラの中でムラの秩序をこわさないで自分の地位を高めることは、飢饉や災害のないかぎりは不可能に近いことであった。おなじように土地を耕作しおなじように生きている世界で、一人が土地をあつめて大きくなるとすれば、他が土地を手ばなしまずしくなっていく。農業以外の仕事で財産をつくるとか、開拓によって所有の耕地をひろげていく以外には、他人の不幸を待っていなければ自分が大きくなれないのが土地を生産の対象とする同業者集団のなやみであった。そのことは地主の土地集積の歴史を見てもわかることである。ムラに飢饉があるとか、災害にみまわれたようなとき、その打撃にたえかねる家が必ずあるものである。また家に病人がたえないとか、一家の主人が若くして死ぬるというような場合、その家の生活力は極度に弱まってたいていは農地を手ばなす。それを待ちうけていて土地の集積をおこなう。

一軒の家が特別に大きく財産をのばしていく裏にはこうして多くの没落者のあるのが

普通であったから、村人はそうした特別の家が産をなすことを喜ばず、これを阻止しようとした。そのためにも共同体としての結合がつよく要請された。が共同体の結合の弱まるにつれて、土地を集積する者が増してきたのである。そういうようにして小者がだんだん大きくなっていく場合、村人はいつまでもその家をひそかに軽蔑し疎外した。私たちは今も方々のムラをあるいてそういう家を見かけることがある。

ムラの中で他の者をしのいでいくことをのぞまないならば、いわゆる立身しようとする者はムラを出ていくよりほかに方法がない。そこでそういう者はみなムラを出ていった。

◉立身出世

明治になると、日本では資本主義経済の発達にともなって方々に都会が発達しはじめる。そういうところへムラを出た人たちは集っていく。そこにはムラの中に見られるような古い秩序はない。新しい産業は新しい秩序を必要とする。こうしてムラの秩序の外に出ることによって立身の道を見いだしたのであった。

そして村外での立身の尺度をしめすものの一つとしてふるさとへのいろいろの寄付があった。私は村々をおとずれるときできるだけ神社や寺の玉垣・鳥居・石段などの寄付者の名を見ることにしている。あるいはまた寺や神社の改築にあたっての寄付者の中に村外居住の者がどれほどあり、またどれほど寄付しているかを見る。

そのほか学校の校庭やムラの辻にたてられている記念碑にも目をとどめる。その中には村外に居住する者が村内居住者をはるかにこえた寄付をしていることがある。その村外居住者の多くはムラから出ていったいわゆる立身出世の人であることが多い。他所へ稼ぎに出て、やがて他所に定住したものがふるさとのいろいろの公共機関に寄付する風習はもう幕末のころから見られる。石川県能登半島の小さい寺で、古い記録を見せてもらっていたら、幕末ころの奉加帳が出てきた。寺で梵鐘をつくるために有徳の人たちから奉加してもらったものであるが、その中で何両というような当時としては多額のお金を寄付しているのは例外なく江戸へ出て風呂屋をいとなんでいる者であった。能登は早くから江戸へ出稼ぎにいく者が多かった。それも風呂屋の三助が主要な仕事であったが、それらの三助たちが長いあいだかせいで金をため、自立して風呂屋を経営するものが多い。そうした人たちがふるさとの寺で梵鐘を鋳ることをきいてお金を送ってきたのである。

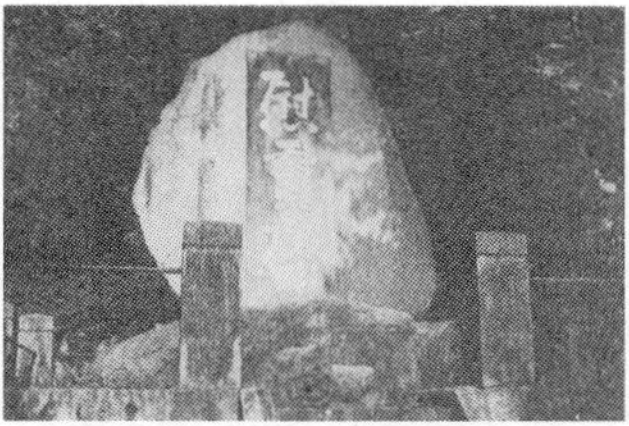

長野県の村に建てられた慰霊碑。この碑も村外居住者の人々の寄付によるところが多い。

◉故郷はついてまわる

旅へ出ても彼らはやはりふるさとの人であった。旦那寺などでもおなじ檀家として待遇していた。ただ地元にいないから出檀家といっており、出檀家はふるさとにかえることがすくなくても、法事の時など金さえ送ってくれれば寺の方でお経もあげ墓の掃除もしてくれたものである。氏神の方でもまた同様であった。だからふるさとの方も出稼先へ

木地屋の店先（「洛中洛外図屏風」）

まで寄付をたのみにいったのである。

このような風習は人がふるさとを捨てて移動するようになって以来のことではないかと思っている。早くその出自の地を出て漂泊を事としたものに木地屋がある。木地屋は古く近江が中心地であった。奈良時代から平安時代にかけて、すなわち八世紀から一〇世紀ごろにかけて多くの杣《そま》があった。大和平野の古い寺々の多くは近江から材木を仰いで建立している。この杣の仲間のうち木工を主とした者がろくろをつかって盆や椀のようなものもつくったのであろう。そしてその仲間が良材をもとめてしだいに四方へ散っていくようになった。国家事業としての寺院の建立のなくなったことが原因していると思われる。初めは近江の近くの美濃・尾張・三河・伊勢・大和・山城などに多く分布していたようだが、中世に入るとさらにその外側へひろがり、近世にいたってはほぼ全国に分布してくる。

ところが近江の木地屋の中心地とされている東小椋とこれら地方木地屋の間には師檀関係が結ばれていて、東小椋の神社の建替えの場合など全国から寄付があつめられており、今日もなおこの関係はきれていない。

それにもかかわらず、ふるさとのムラを出ると束縛がすくなかった。木地屋たちは都会に住んだのではない。山の中を転々として移動していったのであるが、彼らは出先のムラの人たちと深く交らなかった。つまりそのムラの人とつきあいらしいつきあいをしなかった。ムラの公役をつとめなかったし、年貢などもおさめない。山七合目から上の木は自分たちのものだと言って木地物に適した木は自由に伐った。ムラの者にとってもこれは厄介な存在であったが、天皇の綸旨と称する書きつけをもっているので、どうしようもなかったのである。明治になってそういうものが通用しなくなると、彼らははたと行きづまってしまうのであるが、とにかく藩政時代には束縛のすくない生活をしていた。だが山中の生活であり、木地物をつくる日々の生活からいわゆる立身出世というようなものは望まれなかった。

2　群からはなれる

◉親村・枝村

木地屋の移動を出稼ぎというならば、出稼ぎの歴史はきわめて古いものであったといえる。漁民もずいぶん古くから移動している。ただ古代から中世にかけては一人二人が親村をはなれて出ていくのではなく、群をなして移動し、その出先へ定住することが多かったので、かならずしも出稼ぎとはいえなかった。群が移動するのであれば親村の持っている風俗や慣習もそのまま持っていき、親村に似た村をそこへ作るのが普通である。

北九州の海岸には古代以来海人の村がいくつも見られた。志賀島・野北・鐘ケ崎などはその歴史も古い。そして鐘ケ崎の場合には壱岐小崎・対馬（長崎県）曲・長門（山口県）大浦・能登（石川県）輪島などに枝村をつくっているが、それらはいずれも今日も親村のおもかげを多分にのこしている。

同様のことは瀬戸内海の能地漁民についてもいえる。広島県三原市幸崎町能地を根拠地にして近世に入って瀬戸内海沿岸に一〇〇あまりの枝村をつくった。この仲間は家族の者が漁船に乗り、主にテグリ網をひいてまわった。テグリ網というのは小さな網で雑魚をとる。そして一そうで操業できる。近世初期ころまでは網をひくとき、まず碇をいれて網に浮子をつけておき、網を海中にはえ、さらにその網に結びつけられている網をいれ、ぐるりと半円をえがいてまわって、碇のいれてあるところへかえって、船を横にして、船の舳と艫に立って網をひきあげていく。二人でひいてひきあげられる程度の小さい網である。

ところが技術がすすんできて、この網をすぐひきあげるのでなく、船に帆を張り、網を入れたまましばらくの間漕いで、その後にひきあげる方法がとられるようになった。これは多く夜間おこなわれる。と同時にどこへいっても営業できる。そうしたことから多くの枝村ができたのであろう。その枝村もおなじような漁法をつづけ、また女がとれた魚をハンボウへいれて頭にのせて売りあるいた。今日ではこのような風習はほとんど見うけなくなったけれども漁船が動力化しない以前には内海の沿岸に点々として見られた。

群をなして移動し、枝村をつくっても親村の風習を多分に温存していることによって、そこに大きな束縛があったように見られるが、この仲間も木地屋に共通なものを多分に持っていた。出先に枝村をつくっていても、死者のあるときは親村の寺へ届け出て過去帳へつけてもらっている。もとより旅先で簡単な埋葬はするので、旅先の寺の過去帳にもその名が見られるが、その肩書にはっきりと能地漁師と書かれている。どこまでも出自の地が彼らの村であったわけである。だから出先でムラをつくっても、出先の村の者とほんとうに融合することはすくなかった。たいていは出先の村のはずれに家をたて、その付近の海で操業した。出先の村も漁業をおこなっている。地曳網や船曳網をひいたり、延縄《はえなわ》・一本釣などの漁業が多い。その場合、地曳網や船曳網の漁場へ入ることは絶対にゆるされなかったし、また邪魔をしてもいけなかった。延縄漁や一本釣のおこなわれているところでは、そういう漁船に魚の餌を供給した。そのために定住がゆるされたものもある。能地漁師はその土地の漁師には軽蔑されていた。それにもかかわらず、多くの枝村をつくったことは、ただ貧しさがそうさせたとのみいえないのである。

◉政治の外へ

一般の漁浦ならば海上石とか水主役《かこやく》とか浦銀などの名のもとに租税をとられる。また海上警備とか殿様の参観交代のときの船を漕ぐとか、藩へお菜魚を納めるとか、いろいろの負担があり束縛がある。だが能地漁師にはそれがなかった。その浦へ少々の胡子銀《えびすぎん》を納めればそれでよい。税も夫役もなかった。周囲の者に少々馬鹿にされてもどれほど気楽であったか、彼らは一般的な政治の枠の外にいたのである。貧乏はしていても子供は次々に生んだ。その人口のふえ方の目ざましかったことがこれを物語る。そしてそのために枝村が次々につくられていったのである。格式も高く、強大な漁業権を持っている漁村の人口が必ずしも目ざましく増大するとは限らなかった。

大分県杵《き》築《つき》市の納屋部落を訪れたことがある。この部落は能地の枝村ではないが、周囲からはやや低く見られている漁村である。このムラは統制経済になってからもっとも多くの統制違犯をくりかえした。彼らは昔から魚を行商して生活していた。問屋や市場へ出すことはなかったのである。そして税金などにはおよそ縁の遠い所であった。それが統制経済になってから統制出荷を命ぜられた。けれども彼らはなかなかそれに従わなかった。かりに少々のものは出荷しても大半の魚は闇売した。今まで通り行商したのである。警察ではこのムラの者をもっとも悪質な統制違犯者として、ムラはずれに刑事がはりこんでいて行商に出る者を捕えた。それでも彼らは行商をやめなかった。そのため両者の間に衝突がくりかえされ、血を見ることもしばしばであった。周囲の村の者はこのムラをおそれ近づこうともしなかったが、魚を持ってくればひそかに買った。

ところがムラの中へはいってみると、ムラの者に暗いかげはない。みんな開けっぴろげでかくすようなところはすこしもない。ムラの者に集ってもらって話をきいたのだが、しゃべりすぎて私の方がまいってしまう。そこで午後にはきてもらう人を制限したほどであったが、味方とみれば心をゆるして話してくれる。ただ世間の目や警察の目をくらますことには苦心しているとのことであった。ムラの年中行事についていてうれしくなったのは、正月・初エビス・エビス講・大漁祝などのときには戸主や若い者はムラであそばないで船で別府へいく。そして大きな旅館の大広間を借りて、神様の掛軸をかけてまつり、思いきり飲んで食ってさわいでくるという。それなら周囲のムラのだれにも気づかれない。周囲のムラの人たちから見ると貧乏くさく殺気立った陰気なムラに見えるのだが内実はおよそちがったものであった。魚のとれなくなった今日どんなに暮しているだろうかと思うが、世間的な秩序の外に立つと彼らは実に生き生きとしてくる。

能地の漁師たちが枝村をつくっても出先のムラ人と融合しなかったのはこうしたことに原因していよう。

◉出稼ぎ・離村

こうした分村移住でなくてただの出稼ぎの場合はもっと気楽であったようだ、「旅の恥はかき捨て」という言葉がそれを示している。つまり旅では何をしてもよいと考えられていたのである。

出稼ぎは多くの労力を必要とする産業や都会が発達してくると、そこへ手のあまった者があつまって行くことからおこってくる現象である。

近世に入るとまず方々に城下町がつくられる。そしてそこに武士や町人が住む。その下働きをする者が必要になり、武家は領内の農民を強制的に呼び寄せて使った例が多い。

対馬藩ではこれを差し人と言っている。差し人のあたったムラは各戸から一人ずつ出ていって城下の武家に一年間働かねばならなかった。長崎県五島藩ではこれを城下奉公といっている。ここでは結婚以前の若い男女が呼び出されている。

どの藩でも近世初期にはこれと同様な方法がとられたと見られるが、大藩になれば家臣の生活にもゆとりがあって、後には仲間・小者を雇ったが、参覲交代などの時には手が足らなくてどうしても農民を狩り出さねばすまなかった。こうして農民を臨時に使用する場合、岡山藩では小人《こびと》といったというが、いったん狩り出されるとなかなか帰してもらえず、江戸勤の場合はたいてい一〇年をこえたという。

けれども城下での働きに十分な給与がつくか、または賃銀が得られるとすれば、すすんで働きに出かけていくようになる。そして中にはそこで新しい人生を踏み出す者も多かった。自分に甲斐性さえあれば、そこは予想もできないような幸運の待っていることもあった。『故老百話』という書物をよんでいると力量さえあれば江戸で武士になることなどそれほどむずかしいものではなかったようである。和泉（大阪府）佐野の漁師が九十九里浜へイワシ網をひきにいくために江戸まで行って、親戚の娘が旗本の家で子守奉公しているのに出あい、そのまま九十九里へ行かなくて武家奉公をすることになった。ところがそろばんの達者な男で、だんだん取立てられてついに二〇〇石の旗本になったという。それがもとで佐野から何人かの若者が出ていって武士に取立てられている。

また淡路郡家《ぐんげ》の志智家の系図を見ていると、何代か前の人が薩摩（鹿児島県）へ八駄網をひきにいって武士に取立てられたことが記されている。八駄網というのはイワシをとる網で、夜間海中に風呂敷のような網をはっておき、火船が火をたいてイワシの群をその網の上までつれて来、急に火を消す。それを合図に四隅から網をひきあげてイワシをとる漁法で、淡路の者がこれを得意とし、江戸中期にはさかんに九州南部へ出漁した。志智の先祖もその八駄網の親方であったが、大男で力がつよく、薩摩の殿様の目にとまって角力取りになれとすすめられてお抱えの角力取りになった。ところが網の親方をつとめるほどの人で知恵もあり才能も持っている。そこで武士に取立てられて四〇〇石の知行を得たという。

ムラの中におれば平凡な一生を送ることを余儀なくされている人が、こうしてムラの外に出ることによって出世の機会をめぐまれる。しかもムラの外に働き口がしだいにふえていった。城下町への奉公だけでなく多くの労力を必要としたのは漁業で、西九州の捕鯨、九州・四国・関東沿岸のイワシ網漁業、北海道のニシン漁業など、藩政時代から明治・大正・昭和へかけてさかんな操業がつづき、経営の才能を持つ者はそれによって大きな財産をつくっていった。

明治以降は都市の発達も目ざましく、そこにはいろいろの職業があり、とくに官吏・軍人は新しい職業として国民の関心をよび、若い者で大臣・大将を夢みる者は多く、そのために都会へ出て苦学などして学校に通う者がふえてきた。今日のアルバイトとよばれるものであるが、当時は苦学という言葉があてはまるような苦しい勉学法であった。

書生・車夫・官庁や会社の給仕・工場の少年工・新聞配達などをやりながら学校へ通うものがきわめて多かった。ムラ全体が貧しく、親もまた貧しいがために、そうしたことによってのみ学ぶ機会が与えられるのだが、その多くは落伍し、また病いにたおれた。にもかかわらず多くの若者がそうした苦難の道を歩んだのは、村の秩序の中にあっては、自分に与えられた将来がまずしい百姓の一生である場合が多かったからである。

3 古いものと新しいものの場

◉古い秩序の意義

日本という国が明治・大正・昭和とわずか一〇〇年たらずの間におどろくべき発展をとげ、未開に等しい国のように見られていた中から西欧諸国同様の文明国に進んできたのは、国全体が平均して文化が進み欧米化したということではなかった。すくなくとも大半の農村は古い形のままでおかれたのである。村に村長が、町に町長がいて自治体の政治をおこない、また小学校や中学校がもうけられて近代的な教育がなされても、村そのものは何ほども近代化しなかった。役場や小学校では太陽暦を用い七曜制を布いて日曜日には休むことにしたけれど、日支事変がはじまって統制経済がおこなわれるまで、国の中の民間の大半は旧暦を用いて日曜に休むというようなことは考えてもみなかった。年中行事にしても新の正月はいたってさびしく、各学校で年賀式がおこなわれる程度で他にこれという催し物もなく、むしろ旧正月がはなばなしくおこなわれた。三月の節句も新暦では花に遠く、五月節句もやはり新暦では菖蒲の芽がそれほどのびていない。盆にしても七月では感じが出ないばかりでなく、盆踊りは美しい月の光の下で踊ってこそ味わいがあった。まして名月は旧暦でなければまったく意味がない。われわれの日常生活を支配する年中行事は古い農耕生活の中から生れたもので、その農耕法に大きな変化のもたらされぬ限り、年中行事を新暦にすることは農民には無意味に近かった。

いろいろの選挙をおこなっても情実がさきになった。またそれが当然であったといえる。貧しい者は力のあるだれかにすがらねば生きてゆけなかった。分家の者は本家へたよることによって生活が安定したし、本家のしっかりしていない小者は有力な旦那を親にたのむことによって生活は安定した。社会保障をしてくれる公共の機関がなければ力のある個人に頼らざるを得ないし、またムラ共同体にたよらざるを得ない。だから多くの者はだれかにたよって生きてきた。選挙にあらわれる情実はその反映であった。

そうした古い生活を守ることによってのみ村里の生活は可能だったといっていい。したがってそこには古いものがのこっていく。その古い秩序をこわして新しい秩序をうちたてようとする者はムラの中には容易に育たなかった。そういう反骨のあるものの多くは旧い秩序の中から出ていった。そして新しく成長しつつある都市の生活者になった。

◉日本の都市

もともと日本には都市らしい都市はすくなく、したがって都市の伝統というようなものは弱かった。東京すらがそうであった。東京以前の江戸には江戸の言葉があった。その江戸語が東京になってから東京語——ひいては標準語にはならなかった。地方から持ちこまれた言葉によって標準語が育っていく。

　都市が古い根づよい文化的伝統を持たぬということ、いわゆる都市的秩序を持たないということによって、一人一人が思い思いに自分の指向する方向にすすみ、また新しいものを吸収していく。そこには拒否ということがなかった。かりに拒否し嫌悪する者があるとしても、それが制度化されないかぎり、新しいものをうけ入れようとする者の意志をまげることは困難であった。だから都市の成長にともなって無限に雑多に欧米文化がはいってきたのである。そういう点で日本の都市は欧米文化を吸収することによって発達していったといっていい。農村を相手にして取引きしているような地方の小都会はいつまでたっても発展はしなかった。地方をあるいていると、しころくずしの中二階に、表は丈夫な格子戸がしまって、裏には土蔵のある家のならんでいる町をよく見かける。こうした家は問屋をやっていたものが多い。農村相手に活動していたものであるが今日ではそういう家の土壁もおちはじめている。

戦前まで東京麻布一ノ橋にあった吉田屋呉服店。古い商家の典型的なもの。

問屋といえば地方で生産される物資を消費地へ送ったり、地方の消費物資を仕入れて卸商や小売店へまわしたりすることを事業としており、地方農家とは密接に結びついていた。そして農村が容易に新しくならないように、問屋自体も新しくなれず、したがって町そのものもそのままになって発展しないものが多かった。

それにひきかえ新興都市の方は農村と直接取引きすることはすくなかった。農村との関係は物資の流通によってつながるのではなくて、農村から労働力をあおぐために生じてくる。日本で最初に発達したのは紡織工業であるが、それには多くの女工を必要とし、女工は農村の貧家の子女が利用された。さてそこで生産されたものは直接農村へまわされるのではなく、大都市の問屋の手をへて、地方の問屋や卸商に流されていく。

紡織や絹織物工業のほかには鉄工業・造船そのほか軍事工業が発達した。横須賀も呉も佐世保も舞鶴も幕末まではさびしいところであった。舞鶴だけが城下町でかなりの人家があった。それらの町に海軍の鎮守府がおかれ、海軍工廠がつくられると、見る見るうちに大きな都会に発達していった。

八幡（福岡県）は製鉄所がおかれたことによって、小野田（山口県）はセメント工場ができたことによって、大きな町に発展した。

そのほか炭鉱地帯にも中小の都市が群生した。

太平洋戦争中から戦後にかけてはさらに多くの工業都市の発達を見ている。八戸（青森）・日立（茨城）・千葉・川崎（神奈川）・浜松（静岡）・豊田（愛知）・四日市（三重）・尼ケ崎（兵庫）・水島（岡山）・岩国（山口）・宇部（山口）などその主なものであるが、こうした町は農村の古い秩序の外に生れたものであった。そしてこれとおなじような傾向を持つ町の数はおびただしい。そこにはまったく新しい秩序のみが存在した。私は昭和五年の国勢調査の統計書によって目ぼしい工業都市——八幡・宇部・呉・尼ケ崎などの年齢別人口のグラフをつくってみたことがあった。するとこれらの町は共通してタマネギのような形になる。一般には年少者ほど人口が多く年をとるほど人口がすくなくなるから年齢階層別にグラフにすると、ちょうどピラミッドのようになるのが普通であるが、当時の工業都市にあっては幼少年はきわめてすくなく、一五歳くらいからふえはじめて、三〇歳がピークになり、五〇歳をこえると激減していた。つまり働ける者だけが町にあつまっていてタマネギ型になっているわけである。今日では工業都市も年少者がかなりふえてきて、これほど極端な例はあまり見られないが、このような年齢構成の社会では古い秩序が守られたり、古い行事が伝承されることはほとんどない。こうして新しい社会が成立してきたのである。

◉都市人口と農村人口

これに対して各地の農村の人口ピラミッド（年齢階層別グラフ）をいくつかつくってみた。それによると、大正九年の第一回国勢調査のころまでは東北地方をはじめ山間の農村では子供の数がそれほど多くなく、青年・壮年・中老年の者が大差のないほどおり、六〇歳をすぎると減少する型が多い。タケノコ型とでも名づけるべきかと思う。ここでは人数からいっても年少者の発言はそれほど強いものにはならないであろう。それに比して中老年者の発言が重味をもってくる。こうした村に古い伝承のつたえられていくのはまた当然だと思った。

ところが大正の好景気を境にしてそうした村でも子供の出生が目立ってふえてきて、戦中・戦後のグラフはピラミッド型になってくる。戦後、若い者が老人たちを封建的・保守的ときめつけて老人と若い者の相剋を多く見るのはこうしたタイプの村に多いようである。

このほかに九州西辺の島々、南九州・瀬戸内海の島々にはもう一つ別のタイプがある。子供が非常に多く、一五歳以上が急に減って、四〇歳くらいまではきわめてすくなく、五〇歳をこえるとまたふえて七〇歳近くまで多く、それからまた減ってくる。ちょっとトロフィーを思わせるものがあるのでトロフィー型といっておこう。出稼ぎまたは一時的離村の多い村である。若い男女とも工場その他都会の会社・商店などに働き、三〇歳以上のものは結婚して都市で生活しているが、五〇歳すぎた者は郷里へかえって百姓する者が多く、老人が孫をあずかっているような場合である。中には主婦が家にのこって子供を育てつつ百姓をし、男は出稼ぎしているというのもある。この場合でも若い男女はたいてい他出しているから一応トロフィー型になるけれど、中年の女が多いため、トロフィーはゆがんでくる。こうした村には比較的古風がのこっている。古い伝承が青壮年をぬきにして老人から子供につたえられ、その子供が、大きくなったときには他出することになるからである。したがってこうした村でも若い者が年寄りにたてつくようなことはすくない。

瀬戸内海の島を海上から見てすぎると、若い者や男のすくない島または男が漁業にしたがっている島はすぐわかる。畑につくられるものが昔ながらのイモ・ムギだからである。若い者の多い島ならばミカンが多くつくられている。

今一つ、ピラミッド型やタケノコ型でありつつ、年をとった女の数が男に比してすくないところがある。一般に女が長生きするといわれているのにそうでないのである。これは女の労働のはげしいためである。女の働きがはげしいところでは古い伝承がのこりにくい。戦後一〇カ村あまり僻地農村の年齢階層グラフをつくってみて気づいたのだが、大きな戦争で男は戦死者も多く働きもはげしかったと思うのに四〇歳から六〇歳へかけての女が男の数よりずっとすくないのは、戦争の負担が主婦たちの上にのしかかって若死したものが多かったのであろう。

4 古い民俗と新しい生活

◉農村の解体

村は古さを保つためにふえてゆく人を都会に送り出し、都会は村の若者たちと新しい知識を吸収して新しくなっていった。そして戦前には都市と村の間には大きなへだたりが見られたものである。だがそのへだたりは無限に拡大していくものではなかった。

明治初年に日本の人口は三三〇〇万いたといわれる。そのうち農業人口は三〇〇〇万人だった。ほんとうの農業国家であり、この農業人口はムラに住んでいた。ところが今日農業人口は一〇〇〇万を割っている。一億以上の人口のうち、農業にたずさわる者は十分の一に満たなくなってきた。同時にまた都市居住人口は昭和三五年の国勢調査によると五九三二万余人で、総人口の六三パーセントにあたる。ただし都市といっても町村合併による市であるからムラもたくさん含まれている。一方、町村といってもその中に人口が密集して市街をなしているところもあるから、農業以外を生業として市街地に居住する者はやはり六〇〇〇万近くあると見られる。

こうして都市化が目ざましく進みつつあり、東京都・大阪府のごときは都市部人口が都府全人口の九四パーセントを占め、京都府・神奈川県は八一パーセント、兵庫県は七七パーセントに達している。そこには都府県全体にすでに新しい秩序がうちたてられはじめている。新暦は実施され、学校・官公署・会社・工場では大半が七曜制を実施している。そして従業のための服装としてはほとんど洋服になっている。執務も机と椅子を利用している。

このような文化層が農民の二倍以上にふえてきた。それが農村の古い秩序を急速につきくずしはじめている。

だが、これら都市を構成する人口の大半は農村から出た者であった。そしてその農村出身者たちが都市の在来者たちをこえて勢力を持ち、また都市を支配するようになっていった。先輩はふるさとから後輩をよび、またたよってくる後輩の世話をし、都会の中に地歩をきずいてゆく。一種の親分子分関係といってもよい。そうしたものが無数の県人会・郡人会を形成してきたのである。田舎から都会に出てきたものは、もとその出自の地をかくしたがったものである。田舎者と笑われることが何より辛かった。田舎に育ったものは都会人に対していつもひけ目を感じていた。したがってふるさとの歌なども都会へ出てくるとめったに口にすることはなかった。

ところが都市人口の大半が田舎出身者によって占められるようになると、田舎出であることに卑屈を感ずる者はなくなっていった。この現象は戦後にとくにはなはだしい。そして郷土人会ではふるさとの民謡が他の流行歌同様にうたわれるようになってきた。料亭や酒場の中には民謡をうたい民俗舞踊を見せてくれるところもある。ラジオにもテレビにも民謡が多く放送されるようになった。とくに田舎人に自信をもたせたのは「素人のど自慢コンクール」であった。新しい歌謡にはほとんど理解も持っていないし、そういうものをうたわせたら歌にならないような田舎の老人が、郷土の民謡をうたうことによって鐘を三つならしてもらうことはすくなくない。そうしたことが民謡復興に拍車をかけた。ただその場合、労働歌だったものがもはや労働歌でなくなっていく。と同時に一地方の民謡が全国的なものになっていく。その他郷土の伝承文化が新しく衣裳がえをして国全体のものになってゆく例はきわめて多い。

◉古さと新しさ

今日、日本では団体の観光旅行がきわめてさかんである。そのおかげで観光地にはマンモス旅館がたちならぶ。そういう流行も古くからの社寺への団体参拝旅行の流れをくむものではなかろうか。伊勢神宮や出雲大社や金比羅権現の前には大きな宿が立ちならんでいたばかりでなく、その道中にも大きな宿が点々としてあった。そういう宿にはその宿の得意先である地方の講中の贈った旗やのれんがおびただしく吊りさげられていたものである。村じゅうを代表して毎年かまたは何年に一度か、交代で代参する風習は江戸時代の中期以後は特にさかんになっていった。信仰から観光へ目的は徐々に移っていっても団体旅行の習俗は今日なお大きく幅をきかせている。

こうした代参の団体がムラを出ていく時、村じゅうの者がムラ境まで見送っていくのもムラの古い習俗でデタチといった。そして名残りをおしんだ。またかえってくるとサカムカエといって、村境まで迎えにいった。このような風俗も今日なおさかんに見られる。戦時中は出征兵士の見送りに、戦後は小中高校生の修学旅行に、卒業生の集団就職に。送られる者よりも送る者の方がはるかに多く駅頭や埠頭をにぎわしている。団体でなくても個人の離郷にもそれが見られる。毎年三月になると都会への就職者や上級学校への受験者を送って田舎の駅のプラットホームは人であふれる。

そしてそのような風習は日本文化の最高水準をしめすはずの羽田空港にも持ちこまれて、ここは毎日外国へ行く者を見送るもの、かえってくる者を出迎えるもので満員である。

さて昔の団体参拝者たちはその神徳をムラ人にもわかつために宮に参ったしるしのものを買ってきた。お札であったり、御供物であったり、社寺で出している縁起物であったりした。これが宮笥《みやげ》であった。宮笥をととのえることは団参者の一つの義務のようになっていた。ところが団参でなくてもミヤゲは持ってかえらねばならなくなった。そして宮笥が土産にかわっていったのである。今日観光地の店といえばほとんど土産物の店である。それももらってたいして役に立つようなものはほとんどない。その土産物の中でたいへん流行を見ているコケシ人形のごときも、東北地方の温泉へ湯治にいったものの土産であった。湯治というのは温泉に一〇日も二〇日も滞在して沐浴し、身体をいたわり休めて、農繁期にそなえるもので、やや老年の農民にとっては大事な行事の一つであった。その湯治客をムラ人たちはさびしがってはいないか、食うに事欠いてはいないかと、ごちそうをつくったり米を持ったりして見舞いにいったもので、これを湯治見舞いといった。そうした見舞いにきてくれた者への土産にコケシが喜ばれた。コケシはもと木地屋が盆椀をつくる余技につくって売ったものであった。そういうものがいつか温泉をはなれ木地屋の手をはなれ、大量生産されて、全国いたるところの観光地に売られるようになっていった。

今日われわれをなやます盆や年の暮の贈り物すらがもとは親方・子方・本分家・師弟などの間に見られたもので、米・餅・酒などを持っていくことが多かったのは、世話になったものとともに食事して相手の恩に感謝しまた今後もよろしく頼むというような心からであったのだが、今日では儀礼的な華美な行事になってしまって、年の暮の買物は自分の家に必要なものをととのえるよりも、他家に贈るものの金額の方がはるかにかさむまでになっている。

◉農村国家の近代化

こうして古い習俗が新しく衣裳がえしてわれわれの日常生活の中に生きていく。生産関係の生活はずいぶん新しくなった。もとは三〇〇〇万の農民の住んでいたムラの中に農業以外の職業にたずさわるものは何ほどもなかったのに、今日では二七〇〇万の農村民のうち、農業のみに従うものはその五分の一にも足らなくなり、他は農業以外の何かを兼業するようにまで大きな変化を見せてきた。したがってムラの生産様式もすっかりかわってきて、ムラ共同体的なものはぐんぐんくずれてきた。にもかかわらず、消費生活の方はそれほど大きくかわっていない。食べ物がかわり、電気器具がとり入れられても生活そのものは古い習俗を規範にしてたてられている。冠婚葬祭をはじめ年中行事にいたるまで。

そして古い伝統を持たない新興都市にまで盆踊りや夏祭り・秋祭りが盛大におこなわれるようになっている。もとより商店の商魂によるものが多いが、それについていく民衆のあることを忘れてはならない。

年の暮の年夜参《としやまい》りや、正月の恵方《えほう》参りは今日では都会の方がはるかにさかんになっている。東京では大晦日の夜の明治神宮参拝などまったく驚異といってよいほどの人出である。それがしかも粛々として進む。おそらく東京都民の一割は参拝しているのではなかろうか。

大晦日のすぐまえにクリスマスがあり、そのときも町は明るさに湧く。まったく傍若無人といったような解放感が町にあふれるが、それから一週間後にそれとはまるで違った人出が明治神宮に見られるわけである。しかも参拝者には若い者が多い。昔から東京に住んだ人たちというよりも田舎から出て来た人ではないかと思う。ふるさとにいたころの年夜参りを東京へ延長させたものが多いようである。

こうして地方の習俗が都会へ持ちこまれる。かくて人の交流を通じて農村習俗が都会へ持ちこまれ、そのようにして形成せられた都会的なものが地方へもたらされはじめている。

今日の都市は国外の習俗や文化を吸収し、それらに順化して、また新しい文化を創造して無限に新しくなっていくかに見えつつ、こうしてその根底に古い生活規範がなおつよく生きているのは、今日までの日本が農村国家としての要素を失わず、農民の持つ素朴な感覚が一方で新しいものを求めつつも、たえずたましいのふるさとに郷愁を持ってきたことにあるだろう。

そしてこうした古くからのものと新しい文化のからみあい・融合によって、日本の文化は日本の文化として発達していくであろう。

あとがき

日本のいろいろの古くから伝えられている生活文化を理解するには、そのまえに、古いものを温存して来た町や村が、どのようにして発達して今日のようになって来たかを、一応知っておく必要があると思う。

日本という国はもともと農村国家で、今から一〇〇年ほどまえにはほんの少数の例をのぞいては、町らしい町のなかった国であったから、町として特別にかわった風俗習慣というようなものは案外すくなく、たいていは田舎からもって来た風俗習慣であり、日本の都会人は田舎へつよいつながりを持っているものが多い。

そうしたことの反省から筆をおこして、町のなりたちや仕組み、田舎とのつながり、村のおこり、村の仕組み、町と村との差、村の新しくなっていくいき方と、古いもののan残る理由などについて、できるだけ多くの話題をとりあげて書いてみた。

日本という国が過去一〇〇年ほどの間にすばらしい成長をとげ、また第二次世界大戦に敗れて完全にたたきのめされてから、わずかの間にこんなに見事に立ち上がるもとになったのは、日本がかつて農村国家であり、農民的なエネルギー、つまりねばり強さと勤勉の力によるものであると思っている。ではそのような力は農村のどんな基盤の中から生れ出、何の力にささえられて今日にいたったのだろうか。

日本の民衆はもと一般に非常に貧しかった。しかし貧しいにもかかわらず、それをそれほど苦にしなかった。村の人たちの協同によって、いざというときには支えてくれるものがあったからで、その協同の力を生み出していったのが、いろいろの慣習であった。慣習は法律でつくられたものではなく、人が共同して生きていくために、自然的に考え出した人間の知恵であり、しかもそれを持ちつたえて来たものであった。そうした慣習や行事は、時にはたいへん大切にされることがあるかと思うと、時にはお粗末にされ、またこれを消してしまおうとする努力の払われることもあるが、生活の中にしみこんでいるものとして、日常のなんでもない行為や物の考え方の中に生きていることが多い。

それが時にはわれわれの生活文化を停滞させることもあるが、誰に命令されなくても自分の生活を守り、発展させるためのエネルギーにもなる。ほんとの生産的なエネルギーというものは命令されて出て来るものではない。その命令せられないであふれ出るエネルギーの社会的な根源を、この書物で多少ともつきとめて見たいと思ったが、力がおよばなかった感じがふかい。

以上は昭和三九年六月頃に書いたものである。今回（昭和五〇年）このシリーズが改訂刊行されることになって読みなおしてみた。しかしその主旨を改めなければならないようなことはないようである。部分的な訂正をするとなれば手を加えたいところは多い。その場合はこの大きさの書物を念頭におかないで書かねばならないであろう。そこでそれは後日にゆずるとして、大して改訂を加えないで、刊行してもらうことにする。「民俗のふるさと」というのは民俗を保持伝承して来た世界という意味にとっていただきたい。民俗というものはどういう社会に保持されて来たかということを考えてみたかったのである。さて考えて見ると執筆の方々はみな御健在で、十余年齢を重ねただけである。若い人たちがこれを書いたということであった。そして今日もなお読むに堪えるものであろうと思う。

宮本常一

解説

宮本学の全面開花

岩田重則（いわた　しげのり）

『民俗のふるさと』は、最初、一九六四年（昭和三九）七月一〇日、宮本常一（一九〇七‐八一）と池田彌三郎・和歌森太郎を編著者とした『日本の民俗』全十一巻（河出書房新社）の第一巻（第二回配本）として刊行された。一九七五年（昭和五〇）に再刊（同社）されており、今回、文庫版として復刊するにあたっては、この一九七五年再版本を底本とした。一九六四年初版本と一九七五年再版本との間には、文章上の修正は見られないが、挿入されている写真については差し換えが多い。ただし、その差し換えられた写真については、同じ被写体の異なる写真が多く、また、被写体が異なっていても文意に即した対象がセレクトされ、キャプションの修正もほとんどない。したがって、この『民俗のふるさと』は、一九六四年初版本から一九七五年再版本を刊行するにあたり基本的修正はなく、いっぽうで、一九七五年再版本が宮本存命中であり宮本の意志による写真の差し換えの可能性もあるので、一九七五年再版本を底本とした。

宮本は、『日本の民俗』全十一巻のシリーズには、この第一巻『民俗のふるさと』のほかに、第三巻『生業の推移』（一九六五年二月二八日初版、第八回配本）を書き下ろし、第十一巻『民俗学のすすめ』（一九六五年六月一五日初版、第九回配本）に「常民文化研究のオルガナイザー・渋沢敬三」「旅行のうちに」「民衆の歴史を求めて」を執筆しているので、シリーズ全十一巻のうち二冊を単独執筆、一冊を分担執筆し、このシリーズに積極的にかかわっていた。『生業の推移』は、宮本没後、『日本民衆史』全七巻の第六巻『生業の歴史』（一九九三、未來社）としても再刊されている。

宮本が『民俗のふるさと』を書き下ろした一九六四年（昭和三九）は、東京オリンピック（一〇月一〇日開幕）の年である。高度経済成長が展開し、日本列島・社会が大きく変貌をはじめた時代であった。国際的にはキューバ危機は回避されたとはいえ（一九六二年一〇月）、東西冷戦は続き、この年の八月ベトナムではトンキン湾事件、翌一九六五年（昭和四〇）二月にはアメリカによる北爆がはじまりベトナム戦争が本格化している。『民俗のふるさと』が書き下ろされたのは、アジア太平洋戦争の敗戦（一九四五年八月）からすれば十九年後、しかし、現在からすればすでに半世紀近い昔であり、国内的には高度経済成長期、国際的には東西冷戦下であった。

著者の宮本についてみれば、民俗学にとどまらないその豊穣な学問が開花し、もともと多産な宮本が、いっそう旺盛で多彩な執筆活動を展開していた時期でもあった。『風土記日本』全七巻（一九五七－五八、平凡社）と『日本残酷物語』全七巻（一九五九－六一、平凡社）の執筆・監修、雑誌『民話』に発表した作品をまとめた『忘れられた日本人』（一九六〇、未來社）、そして、全七巻のうち六冊までを書き下ろした『日本民衆史』（一九六二－六八、未來社）の刊行、『日本の離島』（一九六〇、未來社）は一九六一年（昭和三六）日本エッセイスト・クラブ賞を受賞している。また、一九六一年（昭和三六）に取得した学位論文（東洋大学・文学博士）が『瀬戸内海の研究』全二冊（一九六五、未來社）としても刊行され、一九六五年（昭和四〇）四月には武蔵野美術大学教授に就任している（一九七七年三月退職）。

この『民俗のふるさと』を書き下ろした時期の宮本は、まさに、その学問とスタイルが全面開花していたのである。とはいっても、本書を読みすすめると、これが民俗学なのか？と首をかしげる人もいるかもしれない。導入の「都会の中の田舎」は現代都市に潜む濃厚な田舎を気づかせ、次の「町づくり」は都市史でもあり、続く「村と村」「村の生活」でようやく民俗事象にもとづいた民俗学的叙述が行なわれる。そして最後の「村から町へ」は村落型社会から都市型社会への変貌過程が語られる。本書は、近現代が都市型社会、また、それへと転換していく時代であることを方法論的前提として叙述されているのである。しかも、「村と村」「村の生活」で民俗学的に村落社会をえがくにあたっても、固定的でも均質的でもない、流動的で多様性に富んだ世界がえがかれる。一般的にイメージされる牧歌的村落社会でないことはいうまでもなく、村落社会すらも変貌過程においてとらえられている。

一般的な民俗学および柳田國男の民俗学における研究対象の把握・分類と違いを感じる人も多いだろう。本書に限ってみても、宮本は民俗学から逸脱し、また、その逸脱によって日本社会を豊かにえがくことに成功していた。カテゴライズすることは難しいが、あえていえば、本書は民俗学というよりも、民俗学的叙述を含み込みつつも、それを超克した日本列島の社会史（また民衆史さらには文化史でもあり生活史でもある）といった方が適切であるかもしれない。そして、そうした叙述のなかに、宮本の学問が全面開花していたのである。もちろん、この社会史家としての宮本の展開は、本書に限ってみても一九六四年（昭和三九）現在が起点であるので、実質的には高度経済成長以前の叙述も多く、二〇一二年（平成二四）現在からすれば過去完了的事象も多い。しかし、当時を基準とすれば、すぐれた同時代史あるいは同時代社会史でもあった。

宮本常一といえばふつう民俗学者とされる。しかし、その完成期は民俗学を通過した彼が、それをふまえて到達した独創的位置にいるのではないか。そのような宮本の到達点を、本書『民俗のふるさと』からくみとることができるように思われるのである。

（民俗学・歴史学）

宮本常一略年譜

1907–1981

1907（明治40）年

八月一日、山口県大島郡東和町（周防大島、旧家室西方村）大字西方に父・善十郎、母・マチの長男として生まれる。生家は浜辺の農家。

1922（大正11）年　15歳

郷里の小学校高等科を卒業。祖父、両親について農業をする。翌年四月、大阪にいる叔父の世話で、大阪逓信講習所に入所。

1924（大正13）年　17歳

五月、逓信講習所卒業、大阪高麗橋郵便局に勤務。市の内外を歩きまわり、乞食の社会に興味を持つ。一九二六年、大阪府天王寺師範学校第二部に入学。文学書を乱読。

1927（昭和2）年　20歳

四月、大阪第八連隊へ短期現役兵として入営、八月末退営。九月、祖父・市五郎、死去。大阪府泉南郡有真香村修斉尋常小学校に就職（訓導）。翌年、四月、天王寺師範学校専攻科（地理学）に入学。古代・中世文学書を乱読。

1929（昭和4）年　22歳

三月、天王寺師範学校卒業、四月、泉南郡田尻小学校に赴任（訓導）。子供たちと周辺を歩きまわる。

1930（昭和5）年　23歳

一月、肋膜炎から肺結核を患い、帰郷し療養。この頃から古老の聞き書きをはじめ、『旅と伝説』に「周防大島」の発表がはじまる。

1932（昭和7）年　25歳

三月、健康回復し、大阪府泉北郡北池田小学校に代用教員として就職（翌年一月訓導となる）。山野や各集落を歩く。八月、父・善十郎、死去。

1933（昭和8）年　26歳

三月、帆船日天丸にて播磨高砂より豊後佐賀関にいたる。海への関心深まる。小旅行、きわめて多くなる。小谷方明らと和泉郷土研究会談話会をはじめる。ガリ版雑誌『口承文学』を編集刊行。短歌を詠む。雑誌『郷土研究』『上方』に採集報告などを執筆。

1934（昭和9）年　27歳

三月、泉北郡養徳小学校に転任（訓導）。九月、京都大学の講義に来た柳田國男と会う。沢田四郎作らと大阪民俗談話会（のちの近畿民俗学会）を結成する。

1935（昭和10）**年　28歳**

二月、泉北郡取石小学校に転任。三月、大阪民俗談話会に出席した渋沢敬三に会う。八月、柳田國男の還暦記念民俗学講習会が開かれる。それを契機として、全国組織「民間伝承の会」の設立と、機関誌『民間伝承』の発行が決まる。渋沢敬三に、郷里の漁村生活誌をまとめるようにすすめられる。十二月、玉田アサ子と結婚。

1937（昭和12）**年　30歳**

十二月、長男・千晴誕生。『河内国滝畑左近熊太翁旧事談』を刊行。

1939（昭和14）**年　32歳**

十月、上京し、アチック・ミューゼアム（一九四二年、日本常民文化研究所と改称）にはいり、民俗調査に全国を歩きはじめる。渋沢の強い影響を受ける。十一月、中国地方の旅に出る。

1942（昭和17）**年　35歳**

二月、胃潰瘍で倒れ、療養。七月からまた歩きはじめる。『出雲八束郡片句浦民俗聞書』『民間暦』『吉野西奥民俗採訪録』などを刊行。

1943（昭和18）**年　36歳**

二月、長女・恵子誕生。この年、保谷の民俗博物館所蔵の民具整理を宮本馨太郎、吉田三郎と共に行う。『屋久島民俗誌』『家郷の訓』『村里を行く』などを刊行。

1944（昭和19）**年　37歳**

一月、大阪に帰り、奈良県郡山中学校の教授嘱託となる。奈良県下を精力的に歩く。

1945（昭和20）**年　38歳**

四月、大阪府の嘱託となり、生鮮野菜需給対策を立てるため、府下の村々をまわる。七月、空襲によって、調査資料（原稿一万二千枚、採集ノート百冊、写真その他）一切を焼く。十月、戦災による帰農者をつれ北海道北見へ行く。道内開拓地の実情をたずね歩く。十二月、退職。

1946（昭和21）**年　39歳**

一月、百姓をするため郷里に引きあげる。二月、大阪府下の村々を農業指導に回り、あわせて、技術、習俗、社会組織などを調べる。四月、新自治協会の嘱託（農村研究室長）となり、食料増産対策のために全国を歩く。二男・三千夫誕生（夭折）。

1947（昭和22）**年　40歳**

農業の手すきの折を利用して農業指導に各地を歩く。十月、公職追放で暇になった渋沢と関西、瀬戸内、九州各地を歩き、地域リーダーたちに会う。

1948（昭和23）年　**41歳**

十月、大阪府農地部の嘱託となり、農地解放と農協育成の指導にあたる。「大阪府農業技術経営小史」「篤農家の経営」を書く。『愛情は子供と共に』『村の社会科』などを刊行。

1949（昭和24）年　**42歳**

六月、リンパ腺化膿のため危篤、命を取り留める。十月、農林省水産資料保存委員会調査員として、瀬戸内海漁村の調査にあたる。この年、民俗学会評議員になる。

1950（昭和25）年　**43歳**

八学会（翌年から九学会）連合の対馬調査に民族学班として参加。帰途、壱岐調査。翌年も継続。学問上大きな刺激を受ける。

1952（昭和27）年　**45歳**

三月、三男・光誕生。五月、長崎県五島列島学術調査に参加。漁民の移動を調べる。翌年、五月、肺結核が再発し赤坂前田病院に入院。十月、全国離島振興協議会設立、事務局長となる。『日本の村』を刊行。

1954（昭和29）年　**47歳**

十二月、林業金融調査会を設立、理事として指導と山村の社会経済調査にあたる。翌年、『海をひらいた人々』『民俗学への道』などを刊行。

1957（昭和32）年　**50歳**

五月、『風土記日本』（全7巻）の編集執筆（～一九五八年十二月）。

1958（昭和33）年　**51歳**

十月、木下順二らと雑誌『民話』を創刊。「年寄りたち」を連載、後に『忘れられた日本人』にまとまる。『中国風土記』を刊行。

1959（昭和34）年　**52歳**

十二指腸潰瘍で長期療養を命ぜられる。九月、「瀬戸内海島嶼の開発とその社会形成」（「瀬戸内海の研究Ⅰ」）によって、東洋大学より文学博士の学位を受ける。『日本残酷物語』の編集・執筆にとりくむ（全5巻＋現代篇2巻、～一九六〇年七月）。

1960（昭和35）年　**53歳**

『忘れられた日本人』『日本の離島』（第1集）などを刊行。

1961（昭和36）年　**54歳**

『日本の離島』により日本エッセイスト・クラブ賞受賞。中国文化賞受賞。『庶民の発見』『都市の祭と民俗』などを刊行。

1962（昭和37）年　**55歳**

三月、母・マチ死去。四月、妻子上京、一緒に住む。八月、柳田國男逝去。『甘藷の歴史』を刊行。

1963（昭和38）年　**56歳**

十月、渋沢敬三逝去。この年、若い友人たちとデクノボウ・クラブをつくり、雑誌『デクノボウ』を出す。「日本発見の会」をつくり、雑誌『日本発見』を出す。『民衆の知恵を訪ねて』『村の若者たち』『開拓の歴史』などを刊行、『日本民衆史』（全6冊）刊行開始。

1964（昭和39）年　**57歳**

四月、武蔵野美術大学非常勤教授となる。『山に生きる人びと』『離島の旅』『日本の民具』（全4巻〈渋沢敬三先生追悼記念出版〉）などを刊行。

1965（昭和40）年　**58歳**

四月、武蔵野美術大学専任教授（民俗学、生活史、文化人類学担当）となる。この頃から民具の調査研究に本格的に取り組む。『絵巻物による日本常民生活絵引』（全5巻、共著）、『瀬戸内海の研究Ⅰ』などを刊行。

1966（昭和41）年　**59歳**

一月、日本観光文化研究所開設、所長として姫田忠義、長男・千晴らと研究に従事。四月、武蔵野美術大学に生活文化研究会をつくる。『日本の離島』（第2集）を刊行。

1967（昭和42）年　**60歳**

三月、『宮本常一著作集』（未來社）の刊行始まる。四月、早稲田大学理工学部講師となり、民俗学を講ずる。七月、結核再発し、北里病院に入院。

1970（昭和45）年　**63歳**

横浜市緑区霧ヶ丘遺跡調査団長として発掘に従事。八月、佐渡で「日本海大学」を開く。新潟県佐渡小木町などを歩く。

1972（昭和47）年　**65歳**

九月、日本生活学会設立、理事就任。

1975（昭和50）年　**68歳**

七月、日本観光文化研究所アムカス探険学校に参加。アフリカのケニア、タンザニアで民族文化調査を行う。十一月、日本民具学会設立、幹事となる。

1977（昭和52）年　**70歳**

三月、大学を退職。三男・光が郷里で農業に従事、しばしば帰郷。村崎義正らに猿まわしの復活をすすめ応援する。十月、済州島に渡り、海女の調査を行う。十二月、『宮本常一著作集』（第一期25巻）完成によって、日本生活学会より今和次郎賞を受賞。

1978（昭和53）**年　71歳**
九月、今西錦司、四手井綱英、河合雅雄、姫田忠義らと猿の教育研究グループを結成。『民俗学の旅』を刊行。

1979（昭和54）**年　72歳**
周防大島久賀町の棚田の石組みの調査。福島県飯坂温泉再開発調査に参加。土佐へ長州大工の調査に行く。七月、日本観光文化研究所において「日本文化形成史」講義をはじめる（没後、『日本文化の形成』3巻に）。

1980（昭和55）**年　73歳**
三月、郷里山口県大島郡東和町に郷土大学をつくり、学長となる。七月、志摩民俗資料館をつくる。九月、中国を歩く。「海から見た日本」（日本民族とその文化の形成史）の構想かたまり、執筆準備にかかる。
十二月、都立府中病院に入院。

1981（昭和56）**年　73歳**
一月、再度入院。一月三十日、胃癌のため死去。

*『民俗のふるさと』は〈日本の民俗〉シリーズ全11巻（責任編集＝池田彌三郎・宮本常一・和歌森太郎、河出書房新社）の第1巻として、一九六四年七月に刊行された。本文庫は、その改訂新装版（一九七五年一二月刊）を底本とする（『宮本常一著作集・30』未來社、一九八四年一〇月刊、にも所収）。表記等は著者物故により刊行時のままとした。図版は主に新装版より収録。

民俗《みんぞく》のふるさと

二〇一二年 三 月二〇日 初版発行
二〇二四年 五 月三〇日 6刷発行

著 者 宮本常一《みやもとつねいち》

発行者 小野寺優
発行所 株式会社河出書房新社
〒一六二-八五四四
東京都新宿区東五軒町二-一三
電話〇三-三四〇四-八六一一（編集）
〇三-三四〇四-一二〇一（営業）
https://www.kawade.co.jp/

ロゴ・表紙デザイン 粟津潔
本文フォーマット 佐々木暁
本文組版 株式会社創都
印刷・製本 中央精版印刷株式会社

Printed in Japan ISBN978-4-309-41138-5

寄席はるあき

安藤鶴夫〔文〕　金子桂三〔写真〕　40778-4

志ん生、文楽、圓生、正蔵……昭和30年代、黄金時代を迎えていた落語界が今よみがえる。収録写真は百点以上。なつかしい昭和の大看板たちがずらりと並んでいた遠い日の寄席へタイムスリップ。

免疫学問答　心とからだをつなぐ「原因療法」のすすめ

安保徹／無能唱元　40817-0

命を落とす人と拾う人の差はどこにあるのか？　不要なものは過剰な手術・放射線・抗ガン剤・薬。対症療法をもっぱらにする現代医療はかえって病を増幅・創出している。あなたを救う最先端の分かりやすい免疫学の考え方。

映画を食べる

池波正太郎　40713-5

映画通・食通で知られる〈鬼平犯科帳〉の著者による映画エッセイ集の、初めての文庫化。幼い頃のチャンバラ、無声映画の思い出から、フェリーニ、ニューシネマ、古今東西の名画の数々を味わい尽くす。

あちゃらかぱいッ

色川武大　40784-5

時代の彼方に消え去った伝説の浅草芸人・土屋伍一のデスペレートな生き様を愛惜をこめて描いた、色川武大の芸人小説の最高傑作。他の脇役に鈴木桂介、多和利一など。シミキンを描く「浅草葬送譜」も併載。

実録・山本勘助

今川徳三　40816-3

07年、大河ドラマは「風林火山」、その主人公は、武田信玄の軍師・山本勘助。謎の軍師の活躍の軌跡を、資料を駆使して描く。誕生、今川義元の下での寄食を経て、信玄に見出され、川中島の合戦で死ぬまで。

恐怖への招待

楳図かずお　47302-4

人はなぜ怖いものに魅せられ、恐れるのだろうか。ホラー・マンガの第一人者の著者が、自らの体験を交え、この世界に潜み棲む「恐怖」について初めて語った貴重な記録。単行本未収録作品「Rojin」をおさめる。